Roland Mierzwa

Demokratie und Zivilgesellschaft

Roland Mierzwa

Demokratie und Zivilgesellschaft

Tectum Verlag

Roland Mierzwa

Demokratie und Zivilgesellschaft

ISBN: 978-3-8288-4245-8

E-Book: 978-3-8288-7137-3

Umschlaggestaltung: Tectum Verlag, unter Verwendung des Bildes
196737240 von rob z | fotolia.de
Druck und Bindung: Docupoint, Barleben
Printed in Germany

Besuchen Sie uns im Internet
www.tectum-verlag.de

Bibliografische Informationen der Deutschen Nationalbibliothek
Die Deutsche Nationalbibliothek verzeichnet diese Publikation in der Deutschen Nationalbibliografie; detaillierte bibliografische Angaben sind im Internet über http://dnb.d-nb.de abrufbar.

Vorwort

Mit den Diskussionen um die Postdemokratie hören auch in einem gewissen Umfang die Gewissheiten auf, wo die Zukunft der Demokratie liegt. Und die demokratische Substanz der Gesellschaft ist brüchig geworden – Bürger und Bürgerinnen fragen sich deshalb: Ist die Demokratie in Gefahr? Nicht nur der Rechtspopulismus bedrängt die demokratische Kultur und demokratische Selbstverständlichkeiten, auch ist es besorgniserregend, dass infolge einer zu geringen Solidarität mit den Armen jene zur Wahlabstinenz neigen. Und es gibt Kreise in Deutschland, die handeln mit der Vermutung, dass die Demokratie käuflich wäre. Aber es gibt eine aktive Bürger- und Zivilgesellschaft, höchst aktive „Neue soziale Bewegungen" und Gewerkschaften sowie Genossenschaften und die Initiativen zur „Solidarischen-„ und „Gemeinwohl-Ökonomie", die um die Aktivierung der Demokratie ringen. Manchmal mit Graswurzelaktivitäten werden die Samen der Zukunft gesät und die Pflanzen der Zukunft gepflegt und gehegt. Dieses Buch traut der Zivilgesellschaft mehr zu als gar manche Überlegung zur politischen Ethik und sieht schon wirksame Strukturen der deliberativen Demokratie (vergl. hier z.B. Körtner, 2012, 198f.[1]). Der demokratische Mensch muss sich wandeln, damit die Demokratie in Zukunft aus gar manchem Morast herausgezogen werden kann – darauf weist ein Kapitel hin.

Flensburg, Sommer 2018

1 Ulrich H.J. Körtner: Evangelische Sozialethik, Göttingen 3(2012)

Inhaltsverzeichnis

1. Zermürbte Demokratie und ihre Perspektiven

1.1. Zermürbte Demokratie

1.1.1. Verstärkt sozial Schwache, Arme und Arbeitslose unter Nichtwählern

Auch bei den letzten Wahlen bestätigte sich der Trend von vorherigen Wahlen – ein großer Teil der typischen Nichtwähler kommt aus dem sozial schwachen Milieu, lebt in prekären Verhältnissen, ist arbeitslos, hat einen niedrigen Bildungsstand oder ist ganz einfach arm, manchmal zutiefst arm: „Die Wahlbeteiligung sinkt, je prekärer die Lebensverhältnisse in einem Stadtviertel oder Stimmbezirk sind. Konkret bedeutet das. Je größer der Anteil der sozial schwächeren Milieus, je höher die Arbeitslosigkeit, je schlechter die Wohnverhältnisse und je geringer der Bildungsstand und die durchschnittliche Kaufkraft in einem Stadtteil oder Stimmbezirk, umso geringer ist die Wahlbeteiligung" (Vehrkamp, 2016; s.a. Velimsky, 2017, 39). In manchen Stadtteilen von Städten wie Kaiserslautern (vergl. Petermann, 2017) oder Köln (vergl. Butterwegge, 2014, 34) oder Berlin glaubt niemand mehr daran, dass die Politiker etwas ändern werden, um die konkrete Not abzuwenden. Manche Wissenschaftler beobachten eine „zunehmende soziale Spaltung der Wählerschaft" (Vehrkamp, 2015). Parallelwelten der politischen Partizipation bilden sich heraus, die auch die sozialen Bewegungen nur unzureichend kompensieren können.

Und der Blick in die Wahlprogramme zeigt, es wird Politik für die Wählenden, nicht für das ganze Volk gemacht (vergl. Kaeding/Pieper/Haußner, 2015). In abgehängten Stadtteilen /Stimmbezirken waren im Wahlkampf keine Stände der Parteien zu sehen bzw. sozial Benachteiligte wurden weniger kontaktiert (vergl. dies.). Und manche Studien zeigen, dass mit der sinkenden Wahlbeteiligung der sozial Schwachen, Arbeitslosen und Armen auch die Politik sich verändert – es wird z.B.

weniger Umverteilungspolitik betrieben bzw. nur eine Umverteilungspolitik betrieben, die vom Median-Wähler gewünscht ist (vergl. dies.; s.a. Schäfer, 2013, 563)[2]. Und abgerundet wird dieses Bild durch herablassende Beschreibungen des „Unterschicht"-Milieus durch profilierte Politiker (vergl. Tagesspiegel 13.12.2013; s.a. eine Aufzählung von solchen Zitaten durch Marc Brost und Mark Schieritz im Interview mit dem Arbeitsminister Hubertus Heil in der ZEIT, 12.4.2018, 6).

Die Wahlabstinenz der Langzeitarbeitslosen ist aus der Sicht der Wahlabstinenten die Konsequenz eines zu-Ende-Denkens der real erfahrbaren Exklusion, der Ausgrenzung, Marginalität und Stigmatisierung (vergl. Schultheis, 2017, 10 und 21), aber auch extrem sichtbarer fehlender „sozialer Gerechtigkeit" (vergl. Kern, 2017, 49f.). Aber die Wahlabstinenz ist auch eine Reaktion auf die hohle Fassade der verkündeten demokratischen Postulate, auf eine in ihren Augen bestehende „Scheindemokratie" (vergl. Schultheis, 11 und 21). Es wird als ein Problem von den Betroffenen gesehen, dass Menschen aus prekären Schichten in den Parlamenten nicht mehr repräsentativ vertreten sind (vergl. Tertelmann, 2017, 24; s.a. Kern, 2017, 52), kein Gehör finden (vergl. Tertelmann, 2017, 25; s.a. Kern, 2017, 48 und 52) und man mit politisch Verantwortlichen nicht im Gespräch ist (vergl. Tertelmann, 2017, 25; s.a. Kern, 2017, 48). Statt auf die Langzeitarbeitslosen einzugehen schielen in den Augen der Langzeitarbeitslosen Politiker aufs Geld und die Karriere und handelten zugunsten der Wirtschaft und der einkommensstarken Schichten (vergl. Kern, 2017, 49). Es besteht ein tiefer Vertrauensverlust (vergl. Schultheis, 2017, 14). Die Wahlabstinenz der Nichtwähler ist in ihren Augen Ausdruck einer Meinung, dass man kein „radikaler" Wähler resp. Wähler radikaler Parteien sein möchte (vergl. Schultheis, 2017, 19; s.a. Kern, 2017, 47). Sie sehen sich damit mehr der Demokratie verpflichtet, als es scheint. Sie sind er-

2 An anderer Stelle bemerkt Schäfer: „Wenn insbesondere ärmere Menschen aufs Wählen verzichten, droht die Gefahr, dass deren Anliegen keine Beachtung finden und sich die Verteilung knapper Mittel stärker an den Interessen der Mittel- und Oberschicht orientiert" (Schäfer im Interview, 2016, 56f.). Und er weist darauf hin: Es gibt Stadtteile mit einer niedrigen Wahlbeteiligung, so dass die dort lebenden Menschen immer weniger auf Vorbilder treffen, die das Wählengehen unterstützen und befürworten. Das ist vor allem in Stadtteilen mit vielen Bewohnern/-innen mit einem niedrigen sozialen Status der Fall (vergl. S. 60).

staunlich stark an politischen Fragen interessiert, verfolgen das politische Geschehen in den Medien (vergl. Kern, 2017, 46) und sind berührt von dem, was politisch entschieden wird (vergl. Schultheis, 2017, 20). Langzeitarbeitslose würden mehr direktdemokratische Möglichkeiten befürworten, da diese aber fehlen, ist ihre politische Meinungsbekundung die Wahlabstinenz (vergl. Schultheis, 2017, 20; s.a. Kern, 2017, 53) [3].

Dazu kommt, dass die Nichtwähler die Demokratie als „Demokratie ohne Wähler“ sehen und infolge der geringen Repräsentation der Bevölkerung die innere Legitimität der gewählten demokratischen Institutionen anzweifeln. Das kann zu einer weiter sinkenden Wahlbeteiligung führen (vergl. Vehrkamp, 2016; s.a. Schultheis, 2017, 22).

1.1.2. Rechtspopulismus unterläuft und entkoppelt sich vom demokratischen Diskurs

Der Rechtspopulismus unterläuft den demokratischen Diskurs im Horizont von Menschenwürde und Menschenrechten indem er bisher undenkbare Deutungsrahmen in den Diskurs einführt. Durch eine schockierende Infizierung des öffentlichen demokratischen Diskurses mit rechtspopulistischen Kampfbegriffen bahnt die AfD eine Wiederholungspraxis neuer Sprachmuster an – vergleiche z.B. die Begriffe „Leitkultur“ oder „Bio-Deutsche“.

Rechtspopulisten konstruieren durch eine extreme Sprache eine Version der Wirklichkeit, die die Grundwerte der Demokratie zermürbt. So werden aus Kriegsflüchtlingen „Invasoren“, die Diskriminierung von Minderheiten geriert sich als „Meinungsfreiheit“ oder eine kritische Berichterstattung wird als „Zensur“ oder mit dem faschisto-

3 Wahlverweigerer handeln nach Dirk Jörke (2017), wie viele Thesen zu Nichtwählern nahelegen, nicht irrational, sondern zeigen eine verzweifelte Form der Rationalität. Da in Zeiten der Postdemokratie, durch die Wahl kaum mehr noch eine inhaltliche Programmierung der Politik bewirkt werden kann, die Politik immer weniger an Chancengerechtigkeit und Gleichheit interessiert ist, die Nichtwähler sich nicht mehr mit der durch die Wahl gestifteten Gemeinschaft der „Demokraten“ identifizieren können, scheint es für sie sinnlos zu sein, sich an dem Ritual Wahl zu beteiligen. Die Nichtwahl, der Wahlboykott, ist ein Appell, hier in der Politik etwas grundlegend zu korrigieren (vergl. S. 114-117).

iden Begriff „Lügenpresse" abgestraft. Was „normal" oder „problematisch" ist, wird mit neuen Inhalten versehen (vergl. Hillje, 2017, 11f.). Durch die permanente Bearbeitung des demokratischen Diskurses erreichen Rechtspopulisten eine Verschiebung des demokratischen Diskurses nach rechts (vergl. ders., 12). Rechtspopulisten wirken auf die Demokratie nicht durch ihre parlamentarische Arbeit, sondern durch die Gestaltung und Beeinflussung des öffentlichen Diskurses. Sie spielen dabei mit der Auswahl- und Darstellungslogik der Massenmedien. Durch ihre Art Themen zu inszenieren verschieben sie unmerklich die politische Agenda der Demokratie(n). Rechtspopulismus ent-zivilisiert die Debattenkultur der Demokratie(n), indem es Politiker der demokratischen Parteien verführt auf Populismus, statt auf eine respektvolle demokratische Debattenkultur zu setzen (vergl. ders., 25f.; s.a. 33). Rechtspopulisten sind in ihrer Meinung zutiefst antipluralistisch und stehen damit gegen einen Leitgedanken der Demokratie – den Pluralismus, einen Pluralismus, wo Gruppen und Organisationen im politischen Prozess um das bessere Gesellschaftsmodell ringen, dies aber in wechselseitiger Akzeptanz. Es gibt hierbei Meinungsverschiedenheit und Streit, aber es wird dabei nicht die Existenzberechtigung des Anderen in der Gesellschaft angetastet resp. angezweifelt (vergl. ders., 31f.). Die AfD geht gegen diesen Pluralismus subversiv vor, indem sie von „Altparteien", „Systemparteien" oder „Kartellparteien" spricht oder Gewerkschaften, Arbeitgeberverbände und Kirche als zu bekämpfende Elite betrachtet (vergl. ders., 32).

In ausgelebter Wut, Verachtung und Abwertung verweigern sich Rechtspopulisten gewissermaßen den eigentlichen demokratischen Diskursen. Stattdessen wird die demokratische Streitkultur durch eine menschenverachtende Hetze im „Netz" ersetzt, gewalthaltige Gesinnung gewinnt die Oberhand bei rechtspopulistischen „Spaziergängen" in die Innenstädte. Hier gibt es einen Ruf nach direkter Demokratie, der sich aus einem menschenfeindlichen Resonanzboden einerseits speist, dann aber auch gepaart ist mit einem Demokratiemisstrauen (vergl. Küpper/Zick/Krause, 2015, 33, Tab. 1).

Rechtspopulisten wenden sich im Namen des „Volkes" gegen „Denkverbote", gegen eine „herrschende Diskursordnung", gegen eine „politische Korrektheit" und sprechen „unbequeme Wahrheiten" an. Dies soll zur Befreiung des Volkes beitragen, Brüche gesellschaftlicher

Konventionen einleiten und Grenzüberschreitungen ermöglichen helfen. Über die Veränderung des Sagbaren leitet die AfD die Veränderung des Tubaren ein. Ein von der AfD mittels Sprache initiiertes Framing besteht z.B. darin über Worte wie „Einwanderungs-Tsunami", „menschliche Überflutung" oder „Asylflut" im Gehirn Assoziationen von Bedrohung, Zerstörung und Verwüstung freizusetzen (vergl. Hillje, 2017, 39). Für manche waren daraufhin notwendige Gegenmaßnahmen die der Begrenzung und Eindämmung von Flüchtlingsbewegungen. Andere sahen sich dadurch ermuntert zur Gewalt gegen Flüchtlinge zu greifen. Aber es gibt keine Belege für eine starke immanente Verbindung zwischen dem Rechtpopulismus der AfD und (gewalthaltigen) Extremismus[4].

Es ist besorgniserregend, dass rechtspopulistische Einstellungen sich am meisten unter Nichtwählern finden (vergl. Krause/Küpper/Zick, 2015, 55, Abb. 3), wenn man bedenkt, das sozial Schwache, Abgehängte, Arbeitslose, Arme etc. besonders stark in der Gruppe der Nichtwähler repräsentiert sind. Rechtspopulistische Wähler befürchten unter einem dampfenden Neoliberalismus einen weiteren sozialen Abstieg. Sie erfahren und sehen, dass bestehende Sozialstaatsmodelle zunehmend unfähig sind, sie zu schützen. Weitestgehend abgehängte Milieus in der Globalisierungsdynamik sehen sich von sozialdemokratischer Politik allein gelassen (vergl. Baumel, 2015).

1.1.3. Facebook & Co. Ein Risiko für die Demokratie?

Demokratie, wenn sie eine intakte Demokratie sein will, ist bis zu einem gewissen Grad langsam beim Prozess der Meinungsbildung und der Entscheidung und der Gesetzgebung. Facebook & Co. attackieren die Qualität sichernde Langsamkeit – die Nutzer von Facebook & Co.

4 Eine über ein Jahrzehnt zurückliegende Analyse (Decker, 2004) zeigte agitatorische Stilmittel des Populismus auf, die sich im aktuellen Rechtspopulismus wiederfinden: Der Rückgriff auf common sense-Argumente, die Vorliebe für radikale Lösungen, die Gegenüberstellung von einfachem Volk und abgehobener Elite, Verschwörungstheorien und das Denken in Feindbildern, Provokation und Tabubruch, Verwendung von biologistischen und Gewaltmetaphern, Emotionalisierung und Angstmache (vergl. ders., 35f.).

möchten, dass die Politiker sofort „liefern“ und hetzen dadurch die Demokratie (vergl. Brühl, 2017).

Facebook & Co. gefährden den ausgewogenen politischen Diskurs und dann infolgedessen die qualitative demokratische Meinungsbildung, weil der soziale Raum hier zu wenig von Demokraten gestaltet wird. Das muss aber nicht sein, wie das Projekt #ichbinhier zeigt, das gegen destruktive Kommunikation Sachlichkeit, Höflichkeit und zwischenmenschlichen Respekt setzt (vergl. Hinney, 2017).

Facebook verstärkt menschliche Absichten. So wird vermutet, dass via Facebook verstärkt Falschnachrichten verbreitet werden können und dadurch Demokratien in Gefahr geraten. Weil sie aber Nischenphänomene sind (vergl. Thiel, 2017), ist diese Vermutung schwach bedeutsam. Und es ist zu sehen, dass missliebige Nachrichten über den Begriff „Fake News“ in ihrem Wahrheitsgehalt diskreditiert werden können (vergl. Raspe, 2017). Bei einem Informationskrieg (vergl. Brühl, 2017) kann über den wechselseitigen Vorwurf, dass „Fake News“ vorliegen, versucht werden, den Informationsraum zu beherrschen.

Ein paar Funktionen von Facebook & Co. können ein Angriff auf die demokratische Kultur sein, etwa wenn demotivierende Botschaften an bestimmte Wählergruppen verschickt werden, um diese vom Wählen abzuhalten. Oder es werden Beschwerdesysteme instrumentalisiert, um politische Gegner verstummen zu lassen. So versuchen rechte Gruppen auf Twitter, Linke sperren zu lassen und umgekehrt (vergl. Beuth, 2018).

Durch Algorithmen wird das für demokratische Informations- und Entscheidungsprozesse notwendige Suchen, Auswählen von Themen und Aspekten zu Themen vom Menschen an die Maschine delegiert. Dadurch können Inhalte, Themen usw. aus dem Blick geraten, aber andere und nicht-intendierte Aspekte besonders hervorgehoben werden. So gesehen ist Facebook nicht neutral – es bahnt den politischen Entscheidungsprozess. Es können für die Demokratiekultur wichtige Facetten unsichtbar werden, die Atmosphäre von demokratischen Grundwerten kann lückenhaft präsentiert werden. Es können in Algorithmen verankerte menschliche Vorurteile und Wertvorstellungen sich lawinenartig verbreiten (vergl. Jobin, 2017).

Es scheint so zu sein, dass wenn man auf Facebook mehr „harte" Nachrichten und weniger persönliche Postings wie Babyfotos präsentiert bekommt, dass sich die Wahlbeteiligung steigern lässt (vergl. Fichter, 2017b, 72). Aber es ist demokratisch problematisch, dass nicht transparent ist und auch von Facebook nicht transparent gemacht wird, wie und wohin die Blackbox Facebook (vergl. dies., 77) politisch mobilisiert (vergl. dies., 79). Die Erfahrungen im letzten US-Präsidentschaftswahlkampf (Trump/Clinton) zeigen aber, eine hohe Datenqualität und ihr geschickter Einsatz in den Social Media reichen nicht aus, um eine Wahl zu gewinnen. Eine starke Botschaft muss unter den Usern von Facebook zirkulieren (vergl. Fichter, 2017c, 112).

Abschließend der Hinweis, dass es unwahrscheinlich ist, dass stabile Überzeugungen mittels gezielter Abstimmungskampagnen in den Social Media „gedreht" werden können (vergl. Bütikofer/Willi, 2017, 88). Für die Schweiz wurde festgestellt, dass politische Prozesse nicht durch Social Media in ihren Grundpfeilern verändert wurden – was aber nicht heißt, dass dem in Zukunft nicht so sein könnte (vergl. dies., 90).

1.1.4. Medien, die den aufgeklärten demokratischen Bürger verhindern

Die Medienlandschaft ist zerklüftet. Da gibt es Medien, wie die „Bild"-Zeitung, die schon mal den Arbeitsminister verhören kann (vergl. Bussemer, 2011, 47) und Zeitschriften wie Publik-Forum, die eine NGO, wie ÄRZTE OHNE GRENZEN, mit einer Haltung mit Rückgrat vorstellen kann (vergl. Nr. 12/2016, 6). Die eine Zeitung fühlt sich als Vollstrecker des Volkswillens der Wutbürger, die andere will damit Solidarität mit der Solidaritätsarbeit von ÄRZTE OHNE GRENZEN mobilisieren. Hier zeigt sich Macht auf unterschiedlichem Niveau. Die eine Zeitung repräsentiert die „vierte Gewalt" (vergl. Bussemer, 2011, 48), die andere eine aktive Zivilgesellschaft, die sich als Anwalt für Andere versteht, um ihnen zu einer Stimme zu verhelfen.

Und es gibt Zeitungen, wie zum Beispiel die Frankfurt Allgemeine Zeitung, die Nachrichten schleusen, also sehr viel stärker darüber entscheiden, welche Nachrichten in die Berichterstattung Eingang finden dürfen und welche zu unterdrücken sind und damit den Meinungsbildungsprozess sehr stark kanalisieren. Dann gibt es aber auch Zeitungen, wie die „taz", die viele Berichte „vom Rande her" bringen und so das Aufmerksamkeitsschema irritieren resp. korrigieren und damit in Ansätzen einen Beitrag dazu leisten, auch den Nicht-Personen der Geschichte mehr Beachtung zu schenken.

Über Armut lässt sich anschaulich berichten; das machen die diversen Straßenmagazine deutlich. Aber dagegen gibt es Zeitungen, wie die „Bild"-Zeitung, die Sozialbetrug medial inszenieren. Die Macht dieser medial inszenierten Bilder ist ungleich größer und setzt sich leichter in den Köpfen fest. Aber es gibt auch die Gemeindevertreter bzw. Stadtverordnete, die informiert durch die Straßenmagazine, Politik gestalten.

Die Sehnsucht nach spektakulären Neuigkeiten ist auch an der Berichterstattung der Süddeutschen Zeitung oder „Der Zeit" abzulesen. Konsistenz ist hingegen in so Magazinen wie „oya" zu finden – dadurch baut sich viel eher Substanz für eine umfassendere politische Reformbewegung auf, allerdings zunächst in gesellschaftlichen Inseln.

Während die Medien (Zeitungen) sich darin gefallen, den „demografischen Wandel" zu inszenieren und damit eine Steilvorlage für die private Alters-Zusatzversorgung zu liefern, so enttarnt hingegen der Entschuldungskurier #18 vom August 2017 von „erlassjahr.de" schon „G20 Compact with Africa" als verdecktes Geldbeschaffungsinstrument, damit Allianz & Co. Renditen erzielen können, um ihre Verpflichtungen aus Riesterrente usw. nachkommen zu können (vergl. S. 6).

Diese Impressionen machen deutlich, dass es eine (dominierende) Zeitungslandschaft gibt, die überwiegend im Geist der neoliberalen Wende publiziert (s.a. Bussemer, 2011, 140ff.). Sie ist mächtig und bestimmt das Meinungsklima und den politischen Diskurs. Und daneben gibt es Zeitungen/Zeitschriften mit bescheidener Reichweite, die Nährstoff für Solidaritätsbewegungen liefern. Sie erreichen bei weitem nicht die Masse der Bevölkerung.

Im Gegensatz zu einer in der seriösen Presse immer häufiger zu findenden personalisierten, rein an der Machtarithmetik orientierten Berichterstattung, findet sich hingegen in Zeitschriften/Zeitungen wie „Publik Forum", „oya", „Junge Kirche", „**zeit**zeichen", „graswurzelrevolution", „der Freitag" mehr Berichte, die Fachthemen erklären, Argumente austauschen und Inhalte vertiefen. Dadurch werden eher Voraussetzungen für einen gesellschaftlichen Wandel geschaffen, als nur ein „Gestrampel" in der Machtkonkurrenz erzeugt.

ÄRZTE OHNE GRENZEN mit ihrer Meinung zu Generika, Greenpeace mit Hinweisen zu Radfahrerfreundlichen Entwicklungen in einigen Städten, der Internationale Versöhnungsbund mit Versöhnungsargumenten hinsichtlich der Nahostproblematik usw. haben kaum „Nachrichtenwert", weil für sie von den Agenturen kein „Gesprächswert" ausgemacht werden kann.

Überhaupt hat es die Zivilgesellschaft schwer in den großen Zeitungen auf die Titelseiten zu gelangen, weil sie nicht geeignet sind, einen Lifestyle abzudecken, nicht dazu bereit sind Sachthemen auf eine Homestory herunter zu brechen, sich mit ihrer Thematisierung von Problemen und Fragen nicht auf einen Erregungsstrom einlässt, sich der Konzentrierung des Themas auf zitierfähige Zitate weitestgehend verweigert und nicht immer dem medial inszenierten Handlungsdruck hinsichtlich einer Meldung folgt. In der Zivilgesellschaft, aber auch in der dem religionslosen Christentum oder in der Kirche (incl. synodaler Strukturen) wird häufig der gute Diskurs gepflegt – den medial darzustellen verweigern sich sehr häufig die etablierten Medien.

Damit werden wertvolle ethische Impulse, großgesellschaftlich betrachtet, ausgeblendet resp. nivelliert. Sie verbleiben in gesellschaftlichen Inseln bzw. durchsäuern nur sehr langsam die Gesellschaft, so langsam, dass Optionen nur dann gegenüber dem Mainstream bewahrt und aufrecht erhalten werden können, wenn sie mit einer starken Hoffnung verknüpft sind.

Daneben ist ein durchschnittlicher täglicher Fernsehkonsum der Deutschen von im Schnitt 220 Minuten täglich zu konstatieren (Bussemer, 2011, 61) – häufig in dem Segment Show, Entertainment und Spiele, wozu auch Talkshows mittlerweile häufig zu zählen sind. Dadurch gehen den Menschen Zeit für „Diskurs" und „eigenes Erleben" verloren. Es prägen die Menschen „mediale Bilder" und gewinnen Macht über die Köpfe. Prägnante Positionierung, skandalisierte Thematisierung ersetzen zunehmend die Bereitschaft, sich auf eine komplizierte Sachabwägung einzulassen. Selbst Arbeitslose, die regelmäßig

N24 sehen, wählen dann schließlich doch die AfD, um den Mächtigen einen Denkzettel zu verpassen.

Konfettiartige Medieninformation (Television im Supermarkt, am Bahnhof, im Bus oder am Postschalter) zersetzen das Interesse sich in Bezug auf ein Thema einen Gesamtüberblick zu verschaffen – z.B. durch die Lektüre mehrerer Zeitungen/Zeitschriften. Die Information kommt wie ein „Snack" daher, wenn ein kleiner Hunger im Alltag von einem Besitz ergreift. Aber der eigentliche Hunger, nämlich nach einem grundlegenden informiert-Sein wird dadurch nicht gestillt. Durch diese Art der Medienkultur kommt es zu einer Entkoppelung von politischer Diskussion sowie bürgerschaftlichen Engagement und Informationsvermittlung. Wer auf diese Weise die Medien nutzt, findet immer weniger Zugang zum politischen Diskurs und zur Partizipation an der Zivilgesellschaft.

Medien, die Information nur noch als Ware für Einschaltquoten, als Konsumprodukt betrachten, bringen die Menschen um die Chance, an gesellschaftlichen Gestaltungsprozessen wirklich zu partizipieren, weil sie immer weniger wissen, worum es in der Gesellschaft geht. Der Mediennutzer ist Medienkonsument und hierbei konkurrieren die Medien um den Konsumenten als solchen, der zwischen dem Besuch eines Freizeitparks, dem Flanieren in der Einkaufsstraße oder dem Sitzen vor dem Fernsehen sich entscheidet. Es wird darum gerungen, Macht über die Zeit und die Aufmerksamkeit des Konsumenten zu gewinnen. Demgegenüber ist die Macht eines ehrenamtlichen Arbeitskreises, der Deutschkurse für Flüchtlinge gibt, einer Kulturwerkstatt, eine Zeitungsgruppe für Obdachlose usw. relativ schwach, weil hier ganz andere „Bedürfnisse" gestillt werden. Legen (Intensiv-)Fernsehnutzer z.B. unterbewusste Ängste und Unsicherheiten still, so sind vor allem diejenigen zum bürgerschaftlichen Engagement fähig, die ein Grundvertrauen haben, gute Erfahrungen (Flow) mit sinnerfüllter Tätigkeit haben und zwischenmenschliche Nähe gut ertragen können. (Intensives) Fernsehen hat die Macht schneller/unmittelbarer die Erfahrung der Angstbewältigung zu vermitteln. Es ist wie ein schnell eingeworfenes Aspirin im Gegensatz zu einem 2stündigen Spaziergang an der frischen Luft. Dafür ist es aber nicht so nachhaltig.

Wenn man die Informationen, die in einem Versöhnungsbund-internen Internet-Netzwerk ausgetauscht werden, mit der „friedenspolitischen" Berichterstattung „seriöser" Medien vergleicht, dann fällt auf, dass die Akteure der Friedensbewegung keine Chance haben, bei der derzeitigen Medienkonstellation mit „neuen" Sachargumenten durchzudringen. Es besteht eine gewisse Ohnmacht. Auch die im Internet verfügbaren Informationen zu Weltsozialforen versickern auf dem Weg zur Berichterstattung „seriöser" Medien. Es wird so in der Öffentlichkeit wenig bis kaum deutlich, dass es „tausend Alternativen" gibt, ganz entgegen einer (herrschenden) politischen Praxis, die doch sehr häufig davon spricht, dass eingeschlagene Wege, getroffene Entscheidungen, eingegangene Bündnisse „alternativlos" seien. Es wird dadurch weniger Handlungsspielraum suggeriert, als er tatsächlich bestehen könnte. Die Medien vermitteln dadurch eine Politik, die indirekt das Volk entmündigt und von der Partizipation am politischen Handeln fernhält. Die Medien wollen nicht wissen um die „tausend Alternativen". Das würde die Berichterstattung komplizierter machen und die gefundene Machtbalance zwischen Medien und Politik aushebeln.

Mit den ethischen Impulsen von Kontrastgesellschaften, Zivilgesellschaft, religionslosem Christentum und Kirche ist eine andere Zeitkultur verknüpft, als die, die sich in der Medienlandschaft findet, so das zu Thematisierende häufig nicht verzahnbar mit dem Medienbetrieb ist. Auch passte die Propagierung der beständigen Umwälzung der Gesellschaft im Zuge der neoliberalen Wende in der Medienkultur nicht mit den anti-neoliberalen Positionierungen aus Kontrastgesellschaften, Zivilgesellschaft, religionslosem Christentum und Kirche zusammen, so dass deren Statements in der Medienberichterstattung ausgeblendet oder in das Kleingedruckte abgedrängt wurden. Uns so konkurrierten bei der Verbreitung neuer Meinungen „online-Berichterstattung" mit andererseits „aktivierten Brieftauben" oder „Buschtrommeln". Es wurde zuweilen auf zwei ganz unterschiedlichen Ebenen Meinung weitergetragen – es gab die Wasseroberfläche und dann eine Unterströmung, die Flugzettel, Kirchencafés, Akademieangebote usw. besorgten.

1.1.5. Lobbyismus als Gefahr für die Demokratie

Noch Anfang des neuen Jahrtausends dachte man in der Politikwissenschaft, dass mit Blick auf den regierenden Staat Lobbyismus unspektakulär sei (vergl. Leif/Speth, 2003b, 10). Aber mittlerweile mehren sich die Stimmen, die den Eindruck erwecken, Lobbyismus changiert zwischen dem Anspruch legitimer demokratischer Interessenvertretung und illegitimer Einflussnahme, die bis hin zu Patronage und Korruption reichen kann (vergl. das Buch von Jürgen Roth [2014], s.a. den Hinweis auf die Arbeit von Transparency International bei Leif/Speth, 2003b, 15; s.a. Fücks, 2003, 56f.). Im Gefolge der gezielten Etablierung neoliberaler Gesellschafts- und Wirtschaftskonzepte wurde ein Lobbyismus aktiv, der kontraproduktiv zum Gemeinwohl steht (vergl. Roth, 2014). Aber schon vorher, hinsichtlich gesellschaftlicher Teilbereiche, wurde die Demokratie durch Lobbyismus partiell lahmgelegt – z.B. durch den Lobbyismus der Rüstungsbranche (vergl. Friederichs, 2012, 180, 181f., 186, 196; Grässlin, 2013, 183ff.).

Lobbyismus ist längst zur (heimlichen) fünften Gewalt in Deutschland und Europa geworden, wo „ressourcenstarke Interessen" (Automobil-, Gesundheits-, Pharma- und Chemieindustrie) Politik nicht nur beraten, sondern in einem gewissen Umfang auch leiten – Lobbying, das zu wohlwollenden Gesetzen führt (vergl. die allg. Aussage bei Leif/Speth, 2003b, 20; s.a. Fisahn, 2017, 86). Es haben sich zwar „schwache Interessen" durch NGO´s, die Gewerkschaften und die Kirche auch etwas behaupten (artikulieren und durchsetzen) können (z.B. die Umweltbewegung über BUND, NABU, Greenpeace), aber die Demokratie ist angeschlagen, wie zuletzt der VW-Abgas-Skandal zeigte. Aber auch die Verhinderung der Positiv-Liste bei wirksamen Medikamenten gelang durch massiven Lobbyismus (vergl. Langbein, 2003, 142).

Die Durchsetzung frauenspezifischer Interessen (z.B. mehr Bewusstsein der Politik für das Problem der Gewalt gegen Frauen) verdankt sich verschiedenen Gruppen und Netzwerken – sie sahen das Repräsentationsprinzip nicht als hinreichende Bedingung der Interessenberücksichtigung. Hier hat Lobbyismus die Demokratie gut ergänzt. Aber das geschah öffentlich. Problem für die Demokratie ist ein nicht öffentlicher und nicht kontrollierbarer Lobbyismus (vergl. Fücks, 2003;

Lange, 2012, 14 und 20; Fisahn, 2017, 86) – er birgt die Gefahr der illegitimen Interessendurchsetzung, untergräbt diskursive Prozesse und bedroht den Primat der Politik (vergl. Kolbe/Hönigsberger/Osterberg, 2011, 89). So liegt „eine Gefährdung der Demokratie (…) vor, wenn es eine faktische Aushölung der Parlamente als Legislative durch einen Kurzschluss von Lobbyisten und Ministerialbürokratie im Gesetzgebungs-Verfahren gibt" (Fücks, 2003, 56). Dieses Problem ist in Brüssel endemisch und von großer Bedeutung für die Bundesrepublik, weil 80 Prozent der Gesetze und Verordnungen, die in nationales Recht umgesetzt werden, aus Brüsseler Amtsstuben stammen.

Hinsichtlich des Lobbyismus ist es auch eine problematische Facette, wenn Vertreter/-innen aus der Politik ohne Karenzzeit in die Wirtschaft oder zu Lobbyfirmen wechseln und ihr unglaubliches Kontaktnetzwerk, ein im öffentlichen Auftrag erworbenes Insiderwissen und ihr Know-how dorthin weitertragen. Ohne Karenzzeit besteht auch die Gefahr, dass noch während der Amtszeit Entscheidungen im Interesse des/der zukünftigen Arbeitgebers/-in ausgerichtet werden (vergl. Lange, 2012, 23ff.).

In Deutschland geschieht ein fahrlässiger Umgang mit Lobbyismus und es besteht eine mangelhafte Ordnung lobbyistischer Praxis. „Die Bundesrepublik ist keine Lobbyrepublik. Aber sie bietet das Bild einer tollpatschigen Republik, die den Eindruck erweckt, sie könnte in der Hand von Lobbys sein. Der Staat ist auch nicht gekauft. Aber die Politik ist so töricht zu suggerieren, er könne käuflich sein" (Kolbe/Hönigsberger/Osterberg, 2011, 90).

1.1.6. Parallelgesellschaften, die sich der Demokratie verweigern

Parallelgesellschaft ist nach zwei Seiten hin zu diskutieren. Da ist einmal die Frage nach Parallelgesellschaften unter Zuwanderern in der Bundesrepublik aufzuwerfen (vergl. Halm/Sauer, 2005). Dann aber gibt es auch eine „Elite", die sich selbst ausgrenzt (vergl. Kirchner, 2012 unter Bezug auf Jürgen Nowak). Beide Parallelgesellschaften werden zu einem Problem für die Demokratie.

So konstatiert Meyer (2002 [überarbeitet]) Tendenzen zur „vollständigen Parallelgesellschaft" auf ethno-kultureller bzw. kulturell-religiöser Ebene. Er beobachtet hier, „wie der interne, von oben organisierte Sozialdruck zur Einhaltung einer ethno-kulturell spezifischen Sittlichkeit in Widerspruch zu den Rechtsnormen und Moralregeln der rechtsstaatlichen Demokratie gerät". Er sieht bei den sich aufschaukelnden Parallelgesellschaften eine latente innere Distanz zum demokratischen Projekt der Mehrheitsgesellschaft. Indem fast ausschließlich Massenmedien des Herkunftslandes, Tageszeitungen, Videos und Fernsehen genutzt werden, wird man nicht vertraut mit Sichtweisen der bundesdeutschen Demokratie. Die geringe Einbindung in die zivilgesellschaftliche Kultur der Mehrheitsgesellschaft verhindert Brückenköpfe zur politischen Kultur der Demokratie.

Demgegenüber steht eine „Elite" der Reichen, die sich selbst ausgrenzt, den Staat zum Teil als „Beute" für ihren exklusiven Lebensstil betrachtet und sich einer Refinanzierung des sozialstaatlichen Projektes verweigert (vergl. Brinkmann, 2014), das für eine intakte Demokratie so wichtig ist (s.a. Butterwegge, 2014, 37; Fisahn, 2017, 46f.).

Susanne Worbs (2009) stellt die Definition von Kandel zur Parallelgesellschaft vor. Aus seiner Definition sind folgende parallelgesellschaftliche Aspekte für die Demokratie relevant. Sie lassen sich, wie die Bücher von Brinkmann (2014) und Roth (2014) deutlich machen, nicht nur auf bestimmte Zuwanderermilieus beziehen, sondern könnten auch in Bezug auf „Eliten" resp. „sehr Reiche" in Anschlag gebracht werden: Kommunikationsabbruch zur Mehrheitsgesellschaft und Abgrenzung durch Aufbau von Parallelinstitutionen (z.B. im Bereich Bildung, Freizeit und Gesundheit (vergl. S. 219f.).

Die Diskussion des Diskurses zur Parallelgesellschaft zeigt, dass man hierbei sensibel darauf achten sollte, wie man ihn führt. Man sollte z.B. darauf achten, ob man von akzeptierten „parallelgesellschaftlichen Parallelgesellschaften" spricht und die dadurch eine Bestätigung erfahren oder ob man dabei „andere Parallelgesellschaften" übermäßig in Misskredit bringt (vergl. Worbs, 2009, 222). Wenn von Parallelgesellschaften gesprochen wird, hat das häufig einen anklagenden Charakter (vergl. dies., 230). Dies sollte aus dem Diskurs herausgenommen werden, um die Chance zu erhalten, dass die damit angesprochenen Milieus sich stärker in die demokratische Gesellschaft integrieren bzw. sich eine Dynamik der wechselseitigen Ausgrenzung abschwächt.

1.2. Was der Demokratie weiterhilft

1.2.1. Die Vorrangige Option für die Armen

Um die Demokratie zu retten, d.h. um die Zahl der Nichtwähler zu reduzieren, wird unter anderem nach Gerechtigkeit gerufen. Aber häufig greifen Lösungen, die dann erfolgen, wie der Mindestlohn, nicht richtig, um die Probleme wirklich aufzuarbeiten (vergl. Pusch, 03/2018, 4f.). Die echte Alternative ist eine Politik entlang der „Vorrangigen Option für die Armen“[5].

Die „Vorrangige Option für die Armen“ beinhaltet zwar Gerechtigkeitsforderungen, aber sie geht über reine Gerechtigkeitsüberlegungen hinaus. Sie ergänzt Ansprüche der Gerechtigkeit um ein Handeln aus der Liebe heraus. Dort wo eine Gerechtigkeitsforderung in das kalte rechenhafte Handeln abzugleiten droht, da wird ausgehend von der „Vorrangigen Option für die Armen“ mit Liebe auf die Schwachen geblickt und nach Lösungen geschaut, die wirklich nachhaltig aufhelfen, ohne die Schwachen in ihrer Würde und Integrität zu verletzten und mit Respekt zu behandeln.

Dann umfasst die „Vorrangige Option für die Armen“ auch eine sorgende und sich-sorgende Haltung. Bekümmert um das Los der Armen und Benachteiligten werden Gerechtigkeitsvorstellungen daraufhin befragt, ob z.B. wirklich eine „Bildung vom Rande her“ geschieht, ob wirklich „Inklusionsangebote mit Herz“ gemacht werden, ob das Beheben der Obdachlosigkeit der Obdachlosen mit einer wirklichen Integration in das gesellschaftliche Leben einhergeht und ob eine „her-

5 Ob eine Politik im Horizont der „Vorrangigen Option für die Armen“ unter der neuen Kanzlerschaft von Frau Dr. Angela Merkel möglich wird, wird aus ihrem Bericht und der Einführung in den Koalitionsvertrag zwischen CDU, CSU und SPD auf dem 30. Parteitag der CDU Deutschlands (26. Feb. 2018) nicht so recht deutlich. Wenn sie darin sagt, dass ein Internetanschluss Daseinsvorsorge ist, dann hat sie alle Menschen im Blick, auch Arme. Auch ihre Aussagen zu den Bildungsanstrengungen können ein Interesse signalisieren, dass man den abgehängten Armen mehr Bildung zukommen lassen will. Aber wenn sie von der CDU als Volkspartei der Mitte spricht, dann wird eine womöglich existierende „Unterschicht“ übersehen. Und es erscheint angesichts erblicher Armut und der daraus resultierenden Apathie und den erschöpfenden Anstrengungen in Armutsmilieus Armut zu bewältigen etwas herzlos, wenn sie sagt: „Aber mit uns wird es nicht möglich sein, dass sich jemand auf Kosten anderer ausruht“.

ablassende“ Haltung gegenüber der „Unterschicht“ zurückgelassen wird.

Unter der „Vorrangigen Option für die Armen“ zeigen sich gerechte Lösungen als nachhaltige Lösungen. D.h. sie sind kein Stückwerk. So ist z.B. bei der Einführung des bedingungslosen Grundeinkommens beispielsweise eine Lösung zugunsten von Bildung dahingehend sicherzustellen, indem das bedingungslose Grundeinkommen der Kinder/Jugendlichen/jungen Erwachsenen zur Hälfte als Bildungskonto eingerichtet wird, damit auch tatsächlich Bildung sichergestellt wird. Und das Rentenentgelt von 58,42 Euro (West) oder 54,04 Euro (Ost) an monatlicher Rente pro Kind ist wesentlich stärker anzuheben, um den 18 Berufen gerecht zu werden, die in der Haus- und Familienarbeit enthalten sind, um Altersarmut vorzubeugen.

Und der Empowermentaspekt ist ganz ernst zu nehmen. 7 x 7 mal und 77 x 77 mal ist den Armen, Ausgegrenzten und Benachteiligten aufzuhelfen, beizustehen und beim Brücken-bauen zur Seite zu stehen, vor allem wenn man die Erblichkeit von sozialer Benachteiligung und Armut betrachtet. Der erschöpfende Lebensalltag der Armen reduziert deren Partizipationsspielraum an der demokratischen Gesellschaft. Die hier herrschende Resignation und Apathie stehen gegen die Kultur der Partizipation (vergl. Butterwegge, 2014, 41). Die Zivilgesellschaft (Feuerwehren, Sportvereine, Kirchengemeinden, Gemeinschaften, Kontrastgesellschaften) bietet hierfür die notwendigen Spielräume für einen Ausstieg aus den Schicksalsstrukturen der Armut und prekären Lebensverhältnissen. Einzelne können das nur leisten, wenn sie starke Ressourcen haben – mental und finanziell.

1.2.2. Gemeinwohl-Ökonomie – Jan. 2016 (www.christian-felber.at/schaetze/gemeinwohl.pdf)[6]

Die Gemeinwohl-Ökonomie beruht auf den Grundwerten Vertrauensbildung, Wertschätzung, Kooperation, Solidarität und Teilen. Das sind nicht nur Voraussetzungen, damit menschliches Zusammenleben gelingt, sie motivieren auch Menschen zu einem guten Handeln und ma-

6 Alle Zitate von Christian Felber: Hervorhebungen wurden herausgenommen.

chen glücklich. Was Gemeinwohl ist kann nur über einen demokratischen Diskussions- und Entscheidungsprozess „definiert" werden. Die Gemeinwohl-Matrix 5.0 ist das Ergebnis eines demokratischen Verständigungsprozesses und Prozess des Erfahrungsaustausches – ohne Eliten und Expertokratien (vergl. Felber, 2018, 35-39).

„Der rechtliche Anreizrahmen für die Wirtschaft wird umgepolt von Gewinnstreben und Konkurrenz auf Gemeinwohlstreben und Kooperation. Unternehmen werden für gegenseitige Hilfe und Zusammenarbeit belohnt". Der wirtschaftliche Erfolg wird an gelingender Bedürfnisbefriedigung, steigender Lebensqualität und einem je größeren Gemeinwohl gemessen.

Unternehmen mit einer guten Gemeinwohl-Bilanz erhalten rechtliche Vorteile – z.B. niedrigere Steuern, geringere Zölle, günstigere Kredite sowie eine Vorrang beim öffentlichen Einkauf und bei Forschungsprogrammen und vieles mehr. Dadurch werden ethische, ökologische und regionale Produkte und Dienstleistungen billiger.

Finanzielle Überschüsse dürfen nicht für Investitionen an Finanzmärkten verwendet werden, dürfen nicht für feindliche Aufkäufe anderer Unternehmen eingesetzt werden, nicht an Personen ausgeschüttet werden, die nicht im Unternehmen mitarbeiten und auch nicht für Parteispenden genutzt werden.

„Da Gewinn nur noch Mittel, aber kein Ziel mehr ist, können Unternehmen die aus ihrer Sicht optimale Größe anstreben. Sie müssen nicht mehr Angst haben, gefressen zu werden und nicht mehr wachsen, um größer, stärker oder profitabler zu sein als andere. Alle Unternehmen sind vom allgemeinen Wachstums- und wechselseitigen Fresszwang erlöst".

„Durch die Möglichkeit, entspannt und angstfrei die optimale Größe einzunehmen, wird es viele kleine Unternehmen in allen Branchen geben. Da sie nicht mehr wachsen wollen, fällt ihnen die Kooperation und Solidarität mit anderen Unternehmen leichter. (…) Die Unternehmen bilden zunehmend eine solidarische Lerngemeinschaft, die Wirtschaft wird zu einer Win-win-Anordnung".

„Die Einkommens- und Vermögensungleichheiten werden in demokratischer Diskussion und Entscheidung begrenzt: die Maximal-Einkommen auf zum Beispiel das Zehnfache des gesetzlichen Mindestlohns; Privatvermögen auf zum Beispiel zehn, zwanzig oder dreißig Millionen Euro; das Schenkungs- und Erbrecht auf zum Beispiel 500 000 Euro pro Person; bei Familienunternehmen auf zum Beispiel zehn Millionen Euro pro Kind. Das darüber hinaus gehende Erbvermögen wird über einen Generationenfonds als „Demokratische Mitgift" (...) an alle Mitglieder der Folgegeneration verteilt: gleiches „Startkapital" bedeutet höhere Chancengleichheit. Die genauen Grenzen sollen von einem Wirtschaftskonvent demokratisch ermittelt werden".

„Bei Großunternehmen gehen ab einer bestimmten Größe (zum Beispiel 250 Beschäftigte) Stimmrechte und Eigentum teil- und schrittweise an die Beschäftigten und die Allgemeinheit über. Die Öffentlichkeit könnte durch direkt gewählte 'regionale Wirtschaftsparlamente' vertreten werden. (...)". „Die 'Aufsichtsräte des Souveräns' müssen hohe Qualifikationsanforderungen sowohl in Unternehmensführung als auch in Ethik und Gemeinwohl-Kunde erfüllen" (Felber, 2018, 100).

Es gibt „Demokratische Allmenden", Gemeinschaftsbetriebe im Bildungs-, Gesundheits-, Sozial-, Mobilitäts-, Energie- und Kommunikationsbereich. „Eine wichtige Demokratische Allmende ist die Demokratische Bank. Sie dient wie alle Unternehmen dem Gemeinwohl und wird wie alle Demokratischen Allmenden vom demokratischen Souverän kontrolliert und nicht von der Regierung. Ihre Kernleistungen sind sichere Vollgeld-Konten, Zahlungsverkehr, ethische Sparanlagen und Kredite sowie die Beteiligung an regionalen Gemeinwohl-Börsen. (...)". Die „Demokratischen Allmenden" werden durch einen Daseinsvorsorge-Konvent definiert. Bei diesen „demokratischen Allmenden" wird das Leitungsgremium (Vertreter/-innen der Behörden, der Beschäftigten, der Nutzer/-innen sowie eine(n) Gender-Beauftragte(n) und eine(n) Zukunftsanwalt/-wältin) direkt demokratisch gewählt. Wichtige Fragen dürfen von den Eigentümer/-innen selbst entschieden werden. In konkreten sehr wichtigen Fragen der Daseinsvorsorge wird eine Kooperation von Bevölkerung und städtischer Verwaltung organisiert (vergl. Felber, 2018, 112-114).

„Nach dem Vorschlag von (...) Keynes wird eine Globale Währungskooperation errichtet mit einer globalen Verrechnungseinheit (...) für den internationalen Wirtschaftsaustausch. Auf lokaler Ebene können Regiogelder die Nationalwährung ergänzen. Um sich vor unfairem Handel zu schützen, initiiert die EU eine Fair-Handelszone („Gemeinwohl-Zone"), in der gleiche Standards gelten oder die Zollhöhe sich an der Gemeinwohl-Bilanz des Hersteller-Unternehmens orientiert. Langfristziel ist eine globale Gemeinwohl-Zone als UN-Abkommen."

„Der Natur wird ein Eigenwert zuerkannt, weshalb sie nicht zu Privateigentum werden kann".

„Wirtschaftswachstum ist kein Ziel mehr, hingegen die Reduktion des ökologischen Verbrauchs/Fußabdrucks von Personen, Unternehmen und Staaten auf ein global nachhaltiges Niveau. (...)".

„Die Regel-Erwerbsarbeitszeit wird schrittweise auf ein mehrheitlich gewünschte(s R.M. korrigiert) Maß von zum Beispiel 20 bis 30 Wochenstunden reduziert". Dadurch soll Zeit für Ehrenamt, Care-Arbeit und Muße sein.

„Jedes zehnte Berufsjahr ist ein Freijahr und wird durch ein bedingungsloses Grundeinkommen finanziert. Menschen können im Freijahr tun, was sie wollen".

„Die repräsentative Demokratie wird ergänzt um Elemente direkter und partizipativer Demokratie und weiterentwickelt zu souveräner Demokratie (...). Der Souverän erhält ′Souveränitätsrechte′ wie zum Beispiel: die Verfassung schreiben und ändern; eine konkrete Regierung wählen, abwählen und korrigieren; selbst Gesetze initiieren und beschließen; Grundversorgungsbereiche – Geld, Energie, Wasser – selbst kontrollieren; internationale Verträge in Auftrag geben und abstimmen". Noch ausführlicher in: Felber (2018, 137 und 139). Durch dieses neue Lösungsangebot werden für den Souverän umfassende Mitbestimmungs- und Kontrollrechte reserviert. Der Souverän gibt grundlegende Richtungsentscheidungen für alle Politikfelder vor (vergl. Felber, 2018, 140); er ist maßgeblich derjenige, der Gesetze auf den Weg bringt und entscheidet (vergl. ders., 150).

„Alle zwanzig Bausteine der Gemeinwohl-Ökonomie sollen in einem breiten Basisprozess durch intensive Diskussion ausreifen, bevor sie in einen direkt gewählten Wirtschaftskonvent eingespeist und mit anderen Alternativen diskutiert werden. Der Konvent bereitet die Alternativen für die finale Entscheidung auf. Die finalen Varianten werden vom demokratischen Souverän systemisch konsensiert. (...). Zur Vertiefung der Demokratie können weitere Konvente einberufen werden: Bildungs-, Medien-, Daseinsvorsorge-, Demokratiekonvent ..." (ausführlicher in: Felber, 2018, 146-149).

Eine durch die Europäische Menschenrechtskonvention abgesicherte direkte Demokratie soll die nun intensiven Einflussmöglichkeiten des Souverän auf Sachfragen und Gesetze abstützen (vergl. Felber, 2018, 153 und 155). Schon erstrittene Grund-, Menschen- und Minderheitenrechte dürfen durch den Souverän nicht angetastet werden. Das ist durch eine Verfassung sicherzustellen (vergl. ders., 156). Schon die Möglichkeit eines aktiv werdenden Souveräns wird die konkrete Arbeit des Parlaments und der Regierung umsichtiger und Gemeinwohl-orientierter und nachhaltiger und friedvoller machen (vergl. ders., 157).

„Um die Werte der Gemeinwohl-Ökonomie von Kind an vertraut zu machen und zu praktizieren, muss auch das Bildungswesen gemeinwohlorientiert aufgebaut werden. Das verlangt eine andere Form von Schule mit anderen Inhalten, z.B. Gefühlskunde, Wertekunde, Kommunikationskunde, Demokratiekunde, Naturerfahrungskunde, Körpersensibilisierung und Kunsthandwerk".

Es sind andere Führungsqualitäten gefragt – sozial verantwortliche Menschen, mitfühlende und empathische Menschen und Menschen, die Mitbestimmung als Gewinn betrachten sowie nachhaltig denken und handeln.

1.2.3. Partizipation

Eine Partizipationskultur kann gegen eine „marktkonforme Demokratie" stehen (vergl. Fisahn, 2017, 42). Eine Partizipationskultur in der Demokratie kann dazu beitragen, dass politische Entscheidungsprozesse nicht übermäßig von denen dominiert werden, die ein hohes „soziales" oder auch „ökonomisches Kapital" haben (vergl. hier auch z.B. Schäfer, 2013, 556-559). Man muss schon sehen, dass den Armen aufgrund ihrer sehr beengten finanziellen Spielräume starke Grenzen gesetzt sind an politischen Willensbildungs- und Entscheidungsprozessen zu partizipieren (vergl. Butterwegge, 2014, 36).

Partizipationskultur d.h. die repräsentative Demokratie, die Partizipation auf den Wahlakt reduziert, muss eine Partizipationskultur stärker wertschätzen und als politisch relevant betrachten, wo über die Meinungs-, Versammlungs- und Vereinigungsfreiheit die repräsentative Demokratie wieder stärker beraten (deliberative Demokratie) und korrigiert wird. Statistische Daten zeigen, dass Unterschriftenaktionen und Demonstrationen inzwischen zu den normalen politischen Beteiligungsformen der Bürger, egal ob jung oder alt, gehören. Bürgerinitiativen mobilisieren dem gegenüber in geringerem Umfang, in Ostdeutschland weniger als in Westdeutschland – hier bestehen erhebliche Entwicklungspotentiale. Die Mitgliedschaft in Interessengruppen ist seit 1990 zum Teil dramatisch gesunken, vor allem bei den Gewerkschaften. Da die Partizipationskultur bei Menschen mit Hochschulabschluss stärker ist, als bei Anderen, stellt sich die Frage, wie man Menschen ohne Hochschulabschluss stärker an die politische Willensbildung heranführen und deren politische Integration erhöhen kann. Sie dürfen nicht abgehängt werden von den Partizipationsmöglichkeiten in der Demokratie (vergl. Schäfer, 2013; Weßels, 2016).

Es ist offen, ob höhere Partizipationsmöglichkeiten über die Etablierung von Formen der direkten Demokratie dazu führen werden, dass sich Bürger und Bürgerinnen bei anderen Beteiligungsformen stärker zurückhalten werden – z.B. bei Wahlen oder protestorientierten Partizipationsformen (vergl. Decker/Lewandowsky/Solar, 2013, 125; s.a. 128) Es ist zu fragen: Sind die Erfahrungen aus der Schweiz auf Deutschland übertragbar, weil ja durch die kulturellen Impulse der sozialen Bewegungen der 70er/80er/90er Jahre in Deutschland eine ganz andere Selbstverständlichkeit für Demonstrationen, Unterschriftensammlungen oder Wahlprüfsteine besteht?

Nicht jedes Medium wird als (garantierte) Chance für eine verbesserte Partizipationskultur betrachtet – siehe z.B. das Internet (vergl. Decker/Lewandowsky/Solar, 2013, 93f.).

Eine Demokratie, die auf die Politik beschränkt bleibt, während die Ökonomie jenseits der Demokratie steht, bedeutet eine halbierte Demokratie (vergl. Fisahn, 2017, 44). Deswegen sollte man sich an den Partizipationsgedanken erinnern, der mit den Arbeiter- und Wirtschaftsräten in der Weimarer Zeit vorgesehen war (vergl. ders., 36). Und weil ökonomische Entscheidungen, wie etwa die Entscheidung über die Schließung eines Autowerkes, gesellschaftliche Folgen zeitigen, sollten sie einem demokratischen, partizipativen Verfahren unterworfen werden (vergl. ders., 37).

Partizipation hängt an Bildungschancen – das wurde oben schon angedeutet. Es ist eine Krise der Repräsentation, weil wir eine Überrepräsentation bürgerlicher, sozial „gehobener" Schichten aufweisen (vergl. ders., 31; s.a. Schäfer, 2013).

Der Partizipationsgedanke in der Demokratie muss im Lokalen seinen Anfang nehmen, bei der Gestaltung der „Dörfer" in der Stadt, die ein Postleitzahlenbereich sein können. Mit einem Wissen darum, wie man lokal zusammenfindet, sollen Freiräume bestehen, wo jede/jeder sich mit seinen besonderen Talenten und Zeitbudgets einbringen kann. Hier bietet das Konzept Community Organizing eine gute Erfahrungsebene. Dabei wird an Beziehungen im „Stadtteil" über Schlüsselpersonen gearbeitet, bevor man in das Handeln resp. in „Projekte" einsteigt (vergl. Wiebicke, 2017, 33-42).

Der Partizipationsgedanke bedeutet, dass man eine Erweiterung der Teilhabe, Mitsprache, Mitbestimmung und der Selbstbestimmung aller sozialen Gruppen in der Demokratie anstrebt. Wenn Partizipation in stärkerem Maße in der Demokratie realisiert wird, dann erhöht das die Legitimation: Entscheidungen werden eher gewürdigt, Gesetze mehr beachtet. Von daher ist es bemerkenswert, dass die Bürger in Nordrhein-Westfalen die Ausdehnung des Wahlrechts auf seit langem im Land lebende Ausländer mit großer Mehrheit befürworten (vergl. Decker/Lewandowsky/Solar, 2013, 125), hingegen bei den politischen Akteuren „keine große Bereitschaft (besteht R.M.), dies als Reformanliegen auf die Agenda zu setzen" (dies., 126), auch weil man dadurch in eine Diskussion um die doppelte Staatsbürgerschaft eintreten müsste.

Durch Reformen des Wahlrechts oder Wahlsystems sind die benachteiligten Gruppen nicht in das politische System zurückzuholen. Mehr Chancengerechtigkeit ist zu verwirklichen, dann wird auch die Frage nach der Partizipation bei dieser Zielgruppe sich positiv auflösen – das machen die Erfahrungen aus den skandinavischen Ländern deutlich (vergl. Decker/Lewandowsky/Solar, 2013, 133).

1.2.4. Was ist zu tun, damit wir eine informierte Öffentlichkeit haben?

Stephan Russ-Mohl (2017) weist u.a. darauf hin, dass guter Journalismus Geld kostet. Die Bürger müssen, wenn sie eine informierte Öffentlichkeit sein wollen, sich das auch etwas kosten lassen. Spendenfinanzierte Projekte sind hier zum Anschub bedeutsam, z.B. bei Projekten, die Fake-News entlarven helfen.

Der Otto Brenner Preis für „kritischen Journalismus“ ist eine wichtige Einrichtung, um gründliche Recherche zu würdigen und um „bestellte Wahrheiten“ zu entlarven.

Zeitschriften wie die „taz“, „oya“ oder „Publik Forum“ tragen dazu bei, dass Kontrastgesellschaften informiert handeln können und ihre Zukunftsprojekte fundiert weiterentwickeln können.

Die ständige Publikumskonferenz der öffentlich-rechtlichen Medien e.V. engagiert sich für eine wahrheitsgemäße Berichterstattung, eine gründliche Recherche, die Sorgfaltspflicht, eine Ausgewogenheit und Unparteilichkeit in der Berichterstattung sowie Vollständigkeit der Informationen bei den öffentlich-rechtlichen TV-Sendern und Radioprogrammen, weil dort immer mehr Unwahrheiten verbreitet werden, falsche Bilder benutzt werden oder eine vehemente Parteinahme für eine Konfliktseite stattfindet (vergl. M. Müller, 2017, 263, s.a. 265 und 267).

Aber auch mit Jürgen Wiebicke (2017, 68) ist festzuhalten, dass man bei der Entscheidung für die „SZ“ oder „FAZ“ immer mit Irritationen rechnen darf, die zu einem „schwachen Denken“ anregen. Man stößt in jeder dieser Zeitungen immer wieder auf Artikel, die der eigenen Position widersprechen, die radikal aufklären, die dazu beitragen, das „anders-Denken“ einzuüben.

1.2.5. Im Gespräch bleiben – aber selbstgewiss und mit Rückgrat

Christine Böckmann weist darauf hin, dass es zu einer demokratischen Grundhaltung gehört, mit Rechtspopulisten im Gespräch zu bleiben – dabei aber gleichzeitig „menschenverachtenden und diskriminierenden Positionen entgegenzutreten und Einhalt zu gebieten“ (2017, 10). Aber es gibt auch manchmal gute Gründe gegenüber AfD-Vertretern/-innen usw. Gesprächsangebote abzulehnen oder bestimmte Gruppen von Gespräch oder Veranstaltungen auszuschließen, nämlich dann, wenn das Gespräch für Propaganda instrumentalisiert zu werden droht und kein Dialog zu erwarten ist. Sie schreibt: „Ein Dialog lässt sich nicht führen, wenn das Ziel des Gegenübers nicht der gleichberechtigte Diskurs, sondern die Überwindung dieses Diskurses ist. Ein öffentliches Gespräch ist nicht ratsam, wenn damit nach außen signalisiert wird, menschenfeindliche Positionen, die Idee einer autoritären oder faschistischen Gesellschaft wären mit Blick auf die Ausgestaltung einer offenen Gesellschaft diskutable Themen" (dies., 14). Und wenn es zum Beispiel der „Identitären Bewegung" offensichtlich nicht darum geht, Argumente auszutauschen, dann kann kein Gespräch gelingen (vergl. dies., 11).

Bei einem demokratischen Dialog ist darauf zu achten, dass „ALLE!" am Gespräch beteiligt sein dürfen. Das kann dadurch geschehen, dass deren Perspektiven und Sichtweisen im Gespräch vertreten sind, oder evtl. sie gar selber als Gesprächsteilnehmer/-in. Jedenfalls ist feinfühlig darauf zu achten, „dass sich alle eingeladen und sicher fühlen und auch angstfrei teilnehmen können" (dies., 12). Man muss hierbei schon genau hinschauen, wer am Gespräch/Dialog beteiligt wird, wer wen nun repräsentieren darf, wie weit durch die Entscheidung für eine/n Gesprächsteilnehmer/-in evtl. das Signal der Ausgrenzung einer/-s Anderen erfolgen kann.

Ein demokratischer Dialog zeichnet sich dadurch aus, dass „Menschen auch ausreichend zu Wort kommen" (dies., 12) können und nicht nur über sie geredet wird. Ein Dialog mit Minderheiten kann nicht gelingen, wenn es während einer Veranstaltung möglich ist, dass Teilnehmende andere Teilnehmende im Publikum beleidigen oder bedrohen oder auch Forderungen nach Diskriminierung ausgesetzt sein können (vergl. dies., 13).

Wenn man mit rechten Akteuren das öffentliche Gespräch sucht, dann ist das Schüren von Ängsten klar zu unterbinden.

Manchmal ist der richtige Weg um in einen Dialog hineinzufinden, Gespräche erst im geschützten Rahmen zu führen bzw. Gespräche zu führen, bei denen Vertraulichkeit vereinbart wird. Das kann die Chance eröffnen, dass man mit Menschen ehrlich und offen zu schwierigen Fragen ins Gespräch kommt (vergl. dies. 13).

1.2.6. Eine Praxis von „tausend Alternativen" von unten

Hermann Ploppa (2014/2017) macht darauf aufmerksam, dass es im Kontrast zum neoliberalen „Umbau" der Demokratie durch die „Eliten" über eine transatlantische Brücke in Deutschland eine Praxis der „tausend Alternativen" von unten gibt. Er weist auf Pioniererfahrungen für ein anderes Zusammenleben, die der Verallgemeinerung harren, auf gut funktionierende Genossenschaften, die dem neoliberalen Geist widerstehen – „Genossenschaften sind das Modell der Zukunft und der perfekte Ausweg aus der Profitgier" (ders., 192) und eine beachtliche Ehrenamtskultur, die das Gemeinwohl nicht aus den Augen verloren hat. Vielen guten Projekten fehlt leider das Geld, so Hermann Ploppa. Er weist auf das beachtliche Engagement für eine „Solidarische Ökonomie" hin, sieht in der Degrowth-Bewegung eine erfolgsversprechende Initiative gegen das Wachstumsdiktat. „Die Bewegung ´Transition Town´ bringt Impulse in Städte und Gemeinden, giftige fossile Energien durch regenerative Energien auszutauschen. Die kommunale Infrastruktur soll entsprechend umgebaut und ein umweltbewusster Lebensstil erprobt werden" (ders., 192). Er wirbt dafür „subversive" Zellen mit Bekannten, Nachbarn und Bekannten zu bilden (vergl. ders., 193).

2. Paradoxe Demokratie. Zum Problem unterschätzter struktureller Gewalt

Verträgt es sich, dass der demokratische Staat, der auf den Prinzipien der Menschenwürde und der Menschenrechte fußt auch für strukturelle Gewalt verantwortlich ist, wodurch wiederum die Prinzipien der Menschenwürde und der Menschenrechte verletzt werden?[7]

2.1. Der demokratische Staat, der auf den Prinzipien der Menschenwürde und den Menschenrechten fußt

Dass Inklusion nun doch viel stärker zu einer gesellschaftlichen Aufgabe wird, verdankt sich einem sehr viel stärkeren Durchdenken der Prinzipien der Menschenwürde und der –rechte (vergl. Degener/Diehl, 2015).

Wenn in Deutschland die NGO „Reporter ohne Grenzen“ für die Meinungs- und Pressefreiheit mobilisieren kann, dann nur deswegen, weil die Menschenrechte hier einen hohen Stellenwert haben.

Wenn nun seit 2017 Schwule und Lesben in Deutschland heiraten dürfen, dann ist das ein wesentlicher Ausdruck dafür, dass dieser Gruppe zunehmend weniger die Menschenwürde abgesprochen wird.

Dass in Europa nahezu nicht mehr die Todesstrafe beim staatlichen Handeln vorgesehen ist, hängt auch damit zusammen, dass die

---

7 Die Überlegungen zur Menschenwürde und zu den Menschenrechten werden nicht so sehr ausgehend von einer wesenhaft gedachten Menschennatur formuliert, sondern es wird eher „pragmatisch“ an sie herangegangen – aus einer „Ehrfurcht vor dem Leben“, aus einer „Leidsensibilität“ und aus der Anerkennung einer „geschichtlich und kulturell gewordenen Identität“. Die grundsätzliche Bewertung des menschlichen Daseins weiß sich einem pluralistisch entfalteten Schöpfungsgedanken verpflichtet, nämlich dem, dass der Mensch als Menschheit in aller Vielseitigkeit, Individualität und subjektiven Verletzbarkeit geschaffen worden ist.

europäischen Demokratien die Menschenrechte sehr ernst nehmen (vergl. Informationen zur politischen Bildung Nr. 297/2007, 35).

Kinderarbeit ist weitgehend in Deutschland nicht zu finden, obwohl es Grauzonen gibt – z.B. im Bereich der Care- und Haus-Arbeit.

Wenn christliche Gemeinden, wie die evangelische Lutherkirche Eislingen bekennen, dass gruppenbezogene Menschenfeindlichkeit nicht mit dem christlichen Bekenntnis vereinbar ist, dann treten sie für eine Demokratie ein, die die Menschenrechte respektiert.

2.2. Strukturelle Gewalt, die vom demokratischen Staat ausgeht und die Prinzipien der Menschenwürde und der Menschenrechte verletzt

Inwiefern kann man sagen, dass strukturelle Gewalt vom demokratischen Staat ausgeht und dabei die Prinzipien der Menschenwürde und der Menschenrechte verletzt werden?

Z.B. Hartz IV: So ändert das Austauschen bestimmter Akteure in dem System Hartz IV nicht hinreichend eine Sanktionspraxis, die die Menschenrechte verletzt – z.B. Streichung von Mietzahlungen und damit eine drohende Obdachlosigkeit, wenn Hartz IV-Bezieher infolge psychischer Erkrankung die Residenzpflicht verletzen.

Armut: So führt die strukturelle Gewalt des (westlich demokratischen) Kapitalismus zu einer so extremen Armut in den Entwicklungsländern, so dass es zu so starken seelischen Verletzungen (Traumatisierung) kommt, dass die aktuelle somatische und geistige Verwirklichung geringer ist als ihre potentielle Verwirklichung (vergl. Mayer, 2006; Estermann, 2014, 149-155; Pütter, 2017; formuliert mit einem Galtung´schen Satz [vergl. 1975, 9]). Es kommt zu so starken physischen und psychischen Formen der Einschränkung der freien Entfaltung der menschlichen Grundbedürfnisse, dass die Menschenrechte verletzt werden.

Frauen: Eine strukturelle Gewalt, die die Menschenrechte verletzt, ist es auch, wenn wie A. Sen es beschreibt, die westlichen Demokratien indirekt durch Duldung dazu beitragen, dass die Frauen in den Entwicklungsländern einem permanenten ungewollten Elendszustand überlassen bleiben, der Unterernährung und Krankheit mit einschließt (vergl. zur Theorie in: Galtung, 1998, 347 und zum Aspekt in: A. Sen, 1999, 133). Diesen Aspekt analysierte Kathleen Ho (2007) ausführlicher und grundsätzlicher mit Blick auf die Ausführungen von A. Sen (vergl. S. 8f.)[8]. Selbst in demokratischen Staaten wird bei Frauen systematisch verhindert, dass diese selbstbestimmt glücklich sein können – das ist ein Ausdruck struktureller Gewalt. Wenn das dann noch dazu führt, dass Vergewaltigung und sexueller Missbrauch nicht systematisch bekämpft werden, dann werden hierbei die Prinzipien der Menschenwürde und der Menschenrechte verletzt.

Top-down-Systeme: Strukturelle Gewalt liegt vor, wenn infolge hierarchischer Systeme nicht hinreichend verhindert wird, dass infolge fehlender Anerkennung und latenter Ausgrenzung Untergebene sich zum Mobbing eines „under-dogs" ermuntert fühlen. Mobbing ist dann keine individuelle „psychische Gewalt", sondern strukturelle Gewalt, weil die Mobber gedeckt durch ein Wegschauen, Tabuisieren und Verharmlosen der Hierarchie sich zum Mobben ermuntert fühlen dürfen. In der Demokratie wird das Problem nicht hinreichend rechtsstaatlich aufgearbeitet und die Menschenwürde verletzendes Mobben nicht konsequent genug verfolgt (siehe hier z.B. den Raum der Kirche[9]).

8 Sie schreibt auf den Seiten 8f. unter anderem: „This understanding of poverty illuminates how the idea of a disparity between actual and possible abilities to meet one ´s needs and the notion of avoidability in Galtung´s definition of structural violence are directly applicable to the discourse of human rights. The disparity between the *actual* ability to meet needs and the *possible* or *potential* ability, in the human rights context, consists of a gap between actual or *de facto* rights and potential or *de jure* rights. *De jure* rights are those fundamental human rights that are enshrined in human rights law. When these rights fail to be recognized or realized, in other words, when the *de facto* rights fall short of the *de jure* rights, violence, according to Galtung´s definition, is present. Crucial in making the transition from violence to human rights violations is the recognition that structural causes are responsible for constrained agency. Structural violence illuminates the causal relationship between power differentials in structures and its effect on individual agency and, when applied to human rights, illuminates structural causes of human rights violations. It is the effect of structures on agency that results in the gap between *de jure* and *de facto* rights" (Herv. i. Orig.).

9 Mobbing scheint partiell ein Führungsinstrument in der katholischen Kirche zu sein. So sagte mir einmal ein Mitarbeiter aus einem Bistum, dass ein Dezernent ihn mit den Worten gewarnt hat: Legen Sie sich nicht mit zwei Bischöfen an – das stehen Sie nicht durch! Und von einem anderen Bischof wurde gesagt, dass er an dem Arbeitsplatz vor seiner Ernennung „unser kleiner Demokrator" gewesen war. Und von einem weiteren Priester, der mittlerweile jetzt Bischof ist, wurde mir berichtet:

Gesundheit: Wenn Ärzte ohne Grenzen über Spenden nach Medikamenten forschen lässt, die für Krankheiten da sein sollen, die von geringer wirtschaftlicher Bedeutung für die Pharmakonzerne sind und wenn von der Bundesregierung Milliarden in die Bankenrettung gepumpt wurden, Geld, das für die Sicherung menschlicher Grundbedürfnisse in den Entwicklungsländern fehlte, dann haben wir es hier mit zwei Fällen von unterlassener Hilfestellung als strukturelle Gewalt zu tun, die die Menschenwürde und die Menschenrechte verletzen (vergl. theoretisch dazu Grant-Hayford/Scheyer, 2016, 7, Punkt 9).

Informierte Öffentlichkeit: „Wer Informationen zurückhält und Sachverhalte durch ungenaue Information verschleiert, beteiligt sich an der Erzeugung von SG (Struktureller Gewalt R.M.). Doch auch, wer aufgrund seiner Voraussetzungen dazu prinzipiell in der Lage wäre, sich aber dennoch die zugänglichen Informationen nicht verschafft und sie zur Minderung von SG benutzt, macht sich durch Passivität mitschuldig an SG“ (Posern, 1992, 208). Das zeigt sich an der Informiertheit über Kinderarbeit (vergl. Pütter, 2017).

Flüchtlinge: Im Juni 2018 befürchtete „Proasyl“, dass mit der geplanten neuen EU-Flüchtlingspolitik Menschenrechte verschwinden, indem z.B. nicht mehr nach Fluchtgründen gefragt wird, indem z.B. das isolierte Unterbringen in Lagern menschenunwürdig, traumatisierend und entrechtend ist, indem es z.B. in den Massenlagern für Flüchtlinge eigentlich kein Zugang mehr zu einer anwaltlichen Beratung besteht und es nicht mehr die Möglichkeit eines effektiven Rechtsschutz gibt oder höchstwahrscheinlich bei Deals mit Drittstaaten und Warlords schwere Menschenrechtsverletzungen dabei bewusst in Kauf genommen beziehungsweise verschwiegen werden (vergl.

Wenn man seine Kreise stört, dann bekommt das einem nicht! Darüber hinaus musste der Autor selbst sehr unfreundliche Erfahrungen des Machtmissbrauchs machen, andere würden von Mobbing sprechen, wo auch ein höherrangiger Priester involviert war. Diese dokumentierte er anonymisiert eingeflochten in grundsätzliche Ausführungen zum Thema Mobbing (vergl. Mierzwa, 2011, 375-429). Weil darauf nun im Zusammenhang der Verletzung der Menschenwürde und von Menschenrechten hingewiesen wird sei noch ergänzt, dass der Autor durch dieses Handeln/Agieren schwere neurologische Schädigungen davontrug, so schwer, dass er schwerbehindert und erwerbsunfähig ist. Aber dem Autor ist auch ein Fall des Machtmissbrauchs aus einer evangelischen Landeskirche bekannt, wo dann eine Kriminalpsychologin eingeschaltet wurde.

https://www.proasyl.de/news/menschenrechte-verschwinden-wie-die-eu-das-recht-auf-asyl-untergraben-will/ abgerufen am 28.7.18)

2.3. Stichworte für die Weiterarbeit in der Gesellschaft, um die strukturelle Gewalt mit Blick auf eine stärkere Wertschätzung von Menschenwürde und von Menschenrechten zu überwinden

Menschenrechte zu diskutieren, d.h. den Blick auf komplexe gesellschaftliche, kulturelle, politische und wirtschaftliche Strukturen zu werfen, wodurch Problemlagen entstehen, wo grundlegende Bedürfnisse von Frauen, Männern und Kindern nicht befriedigt werden bzw. es zu Diskriminierungen kommt (vergl. Oelschlägel, 2013, 260).

Menschenrechte zu diskutieren bedeutet auch Hilfestellungen in den Aufmerksamkeitsradar zu rücken, die die am stärksten Marginalisierten und Schutzbedürftigen darin unterstützen, einen besseren Zugang zu ihren Rechtsgütern zu haben.

Mit dem Menschenrechtsansatz wird der Empowermentgedanken betont. Betroffene sollen kompetent werden und die Möglichkeit erhalten, ihre Rechte durchzusetzen und Gesetze anzuwenden (vergl. ders., 261). Gruppen, die Rechtsansprüche von Marginalisierten vertreten, sind zu fördern (vergl. ders,. 265).

Mit dem Menschenrechtsaspekt kommt der Aspekt der Teilhabe in den Blick. „Eine Veränderung ungleicher und ungerechter Machtstrukturen ist nur dann möglich, wenn sich zuvor marginalisierte Gruppen aktiv engagieren und teilhaben können" (ders., 261)

Menschenrechtsarbeit darf nicht nur individuumzentriert erfolgen. Menschenrechte zu etablieren, d.h. die Arbeit für Menschenrechte in ein Engagement für das Wechselverhältnis von Beziehungen einbetten.

Menschenrechtsarbeit ist nur möglich, wenn gleichzeitig an einem Klima der Gewaltlosigkeit gearbeitet wird und friedensethische Initiativen aufgelegt werden (vergl. ders., 270).

Nachfolgend daher nun einige Beispiele, woran deutlich wird, wie der Blick auf die Menschenwürde und die Menschenrechte Handlungsimpulse zur Überwindung der strukturellen Gewalt freisetzt.

Arbeit: Wenn prekäre Beschäftigung auch in den Suizid treibt (vergl. Standing, 2015), dann steht der Ruf nach menschenwürdigen Arbeitsbedingungen im Raum.

Ethischer Konsum: Wenn Getränkemultis (z.B. Nestlé, Coca Cola, Pepsi oder Danone) das Grundrecht auf Wasser verletzen (vergl. https://netzfrauen.org/2015/01/05/nestle-erfindet-wasser-fuer-reiche-neu-arbeit-bei-nestle-aber-nicht-ausreichend-wasser/), dann müssen im Interesse der Menschenrechte Verbraucherkampagnen zu einem nachhaltigen Konsum motivieren.

Frieden, Entwicklung und Sicherheit: Wenn Rüstungsexporte aus Deutschland mit wenig Rücksicht auf die Menschenrechtslage in Entwicklungsländern erfolgen (z.B. Saudi-Arabien), dann steht der Ruf nach einer Einstellung von Rüstungsexporten im Raum.

Flucht/Migration: Strukturelle Gewalt ist eine Fluchtursache (siehe z.B. den Abbau von Rohstoffen [z.B. Gold und Coltan] in Bürgerkriegsgebieten für unsere High-tech-Produkte). Aus der Menschenrechtsperspektive müssen wir unseren Rohstoffverbrauch verändern (Computer länger nutzen, weniger Handys/Smartphones etc.). Kommt es zur Flucht, dann ist mit Markus Schildhauer von der Seemannsmission in Alexandria zu verdeutlichen, dass der Konflikt um die Hilfesuchenden im Mittelmeer nicht auf dem Rücken der Seefahrer ausgetragen werden darf, indem man das helfende Handeln der Seefahrer kriminalisiert, indem Seefahrer von Handelsschiffen nicht in moralische Not gebracht werden und indem man würde- und respektvoll mit der Traumatisierung von Seefahrern infolge gesehener Not, gesehenem Sterben und gesehenem Todeskampf umgeht und sie infolge ihrer Traumatisierung nicht ihres Arbeitsplatzes beraubt (evangelisch.de vom 26.7.18)[10].

Armut: Armut verletzt die Menschenrechte in Deutschland (vergl. Segbers, 2016), indem z.B. keine gesunde Ernährung von Kindern durch den Hartz IV Regelsatz möglich ist oder zum Beispiel wenig „Bildung von unten“ resp. „Bildung vom Rande her“ erfolgt. Es ist strukturelle Gewalt, wenn Bildungsinitiativen nicht hinreichend so ausgestaltet werden, dass eine „erbliche Armut“ überwunden wird.

10 https://www.evangelisch.de/inhalte/151326/26-07-2018/wenn-retter-ploetzlich-kriminelle-sein-sollen

Aus der Menschenrechts- und Menschenwürdeperspektive müssen viel mehr „basale“ und „nachhaltige“ Bildungsimpulse für Arme und Langzeitarbeitslose angeboten werden (vergl. Mierzwa 2016).

3. Ökonomie und Demokratie

Der Neoliberalismus strebt eine abgemagerte Demokratie an (vergl. Lösch, 2008, 236ff.). Der Neoliberalismus verfügt über erhebliche Totalitätsneigungen (vergl. Crouch, 2011, 47). Als das neoliberale Modell in Chile begann, war das Land keine Demokratie (vergl. ders., 44). Anstatt einer Ausweitung demokratischer Prinzipien peilt das neoliberale Theoriekonzept den Abbau von demokratischen Strukturen an. In diesem Zusammenhang wird die im demokratischen Projekt enthaltene Nützlichkeit kooperativen Verhaltens konsequent negiert. Es wird im Neoliberalismus nicht gesehen, dass der Betrieb, das Unternehmen und die Firma auch ein Ort der demokratischen Meinungs- und Willensbildung sein kann, wie es z.B. im Rahmen der solidarischen Ökonomie im Auge behalten wird. Deswegen sei an dieser Stelle derjenige ökonomische Diskurs in Erinnerung gerufen, der Ökonomie und Demokratie zusammendenkt.

3.1. Genossenschaften

Die demokratischen Prozesse der Selbstverwaltung in den Genossenschaften festigen die Stabilität der demokratischen Gesellschaftsverfassung. Genossenschaften – im Gegensatz zu Aktiengesellschaften – sind darüber hinaus auch darin demokratisch, als sie nach dem Prinzip „Ein Mitglied – Eine Stimme" funktionieren und so das Kapitalprinzip zurücklassen. „Die Umsetzung der genossenschaftlichen Prinzipien Selbsthilfe, Selbstverwaltung und Selbstverantwortung sind zudem einer demokratischen Gesellschaft förderlich, weil sie eine passive Anspruchshaltung an den Fürsorgestaat zugunsten von aktiver Eigenhilfe und der Übernahme von Verantwortung für die eigenen Belange zurückdrängen" (Greve, 2001, 128). Die genossenschaftliche Idee mit ihren Werten Solidarität, Verantwortung, Nähe, Partnerschaftlichkeit (vergl. Backenköhler/Pool, 2012, 121) liefert einzigartige Voraussetzungen für eine lebendige Demokratie. Das basisdemokratische Wahlverfahren der Genossenschaften (vergl. dies., 125) und andere Formen des Vertrauensmanagements (z.B. die Bedeutung der Kommunikation [vergl. dies., 127]) generieren Vertrauen, wodurch wiederum der Demokratie eine größere Stärke verliehen wird. Mit Produktivgenossenschaften wird die Wirtschaftsdemokratie gestärkt und verbreitet (vergl. Kerber-Clasen, 2012, 285 und 286). Die taz-Genossenschaft ist eine Mischform zwischen Konsum- und Produktionsgenossenschaft (vergl. Findus/Metje, 2013, 70f.).

3.2. Selbstverwaltungsökonomie

Die Alternativbewegung der 70er/80er Jahre des letzten Jahrhunderts setzte sehr stark auf eine Selbstverwaltungsökonomie, die eine demokratische Unternehmensführung anstrebte und dabei viele Anleihen am Genossenschaftsgedanken machte – im Mittelpunkt standen Rotation der Verantwortung, Kollegialmodelle bei der Entscheidungspraxis, keine Abhängigkeit von oben, nach allen Seiten frei zirkulierende Kenntnisgabe, dezentrale Abstimmung, Gruppendiskussion und Abstimmung unter Gleichen (vergl. Hettlage, 1987, 366f.). Diese Alternativbetriebe konnten die eigenen hohen Ansprüche nicht dauerhaft erfüllen (vergl. Kerber-Clasen, 2012, 284; s.a. Voss, 2015, 91). Selbstverwaltungsökonomie ist auch ein Bestandteil der „Solidarischen Ökonomie" (vergl. Voss, 2015, 89ff.).

3.3. Solidarische Ökonomie

Bei der solidarischen Ökonomie ist „eine Verankerung demokratischer Werte und Prozesse in der Wirtschaft (...) als Prinzip und Ziel (....) integraler Bestandteil der Konzepte" (Kerber-Clasen, 2012, 283). Demokratisch bedeutsam in der solidarischen Ökonomie ist die „Entwicklung einer Tätigkeit, bei der alle Eigentümer sind" (vergl. ders., 283). Selbstverwaltung macht die solidarische Ökonomie sehr stark aus (vergl. Embshoff/Müller-Plantenberg/Giorgi, 2016). Unter dem Leitbild der solidarischen Ökonomie können Genossenschaften sich zu Hause fühlen und ihre demokratischen Impulse entfalten und genossenschaftliche Unternehmungen Demokratie unterschiedlich stark ausgeprägt in der Entscheidungspraxis erproben (vergl. Giegold/Embshoff, 2008b, 15, 21 und 22; Flieger zu Schüler/-innengenossenschaften [2008]; Lötzer, 2008, 209 und Voss, 2015, 34). Genossenschaftliche Übernahmen bei der kommunalen Daseinsvorsorge können sogar ein Mehr an demokratischer Kontrolle für die Nutzer/-innen bringen (vergl. Giegold/Embshoff, 2008b, 15) und zur Transparenz beitragen (vergl. Voss, 2015, 35).

3.4. Erprobungen und Erfahrungen mit Unternehmensdemokratie

Arbeit kann zu einem Demokratielabor werden, wenn Mitarbeiter/-innen eingeladen sind, Entscheidungen zu treffen und daraufhin sozialisiert werden, Verantwortung zu übernehmen. Unternehmensdemokratie wird sichtbar angestrebt, wenn ein Unternehmen sich eindeutig zu den Menschenrechten bekennt (vergl. Zeuch, 2015, 57). Das Buch von Zeuch (2015) stellt Beispiele aus der Wirtschaft vor, wo Mitarbeiter hingeführt worden sind, mit eigenen Handlungen in unserer Demokratie in der Wirtschaft etwas bewirken zu können. In kleinen Bereichen in Unternehmen machten sie Selbstwirksamkeitserfahrungen, die für demokratisches Handeln bedeutsam wurden.

Die Unternehmensdemokratie der Hoppmann Autowelt blickt auf vier Jahrzehnte Erfahrung zurück und macht dabei deutlich, dass sich stabile demokratische Muster im Wahrnehmen, Denken und Handeln langsam ausbilden. Die Erfahrungen in dem Unternehmen zeigen, dass Demokratie nicht gestartet werden kann wie ein neu installiertes Softwareprogramm (vergl. Zeuch, 2015, 89-105). Die Erfahrung zeigt, damit sich eine demokratische Kultur festsetzt, ist sehr stark an der Selbstreflexion der Mitarbeiter/-innen zu arbeiten. Bei der Firma gehen Transparenz und Unternehmensdemokratie eine enge Beziehung ein, sei es, dass die Gewinn- und Verlustrechnung mit Blick auf die Erfolgsbeteiligung transparent gemacht wird (vergl. ders., 94), sondern dass auch der Wirtschaftsausschuss Informationen an alle Angestellten weitergibt (vergl. ders., 96). Die Hoppmann Stiftung ist nicht nur demokratisch strukturiert („ohne die Zustimmung der Mitarbeiter kann auch sie keine wesentlichen Entscheidungen treffen" [S. 99]), sondern ist auch im Dienst an der demokratischen Kultur.

An der Haufe-umantis AG (vergl. Zeuch, 2015, 106-123) zeigt sich, dass bei der Führungskräftewahl nicht das Wählen das Wesentliche für eine Entwicklung der Demokratiekultur ist, sondern der Reflexionsprozess, den Wähler/-innen und Kandidaten/-innen im Vorfeld der Wahl und darauf folgend durchlaufen. Dabei wurde eine Kultur vorgelebt, dass Nichtwahl nicht gleichzeitig Gesichtsverlust bedeutet (vergl. ders., 116). Und mit dem nicht-gewählt-Werden kann ein Prozess der Persönlichkeitsentwicklung angestoßen werden (vergl. ders., 117f.).

Demokratie am Arbeitsplatz ist der politischen Demokratie sowie dem gesellschaftlichen und kulturellen Engagement zuträglich. Auch weniger Korruption ist den Ländern zu verzeichnen – das zeigen diverse zitierte Studien (vergl. ders., 51[Karasek 1978 und 2004; Elden 1980; Greenberg et al. 1996; Spreitzer 2007]).

3.4. Gemeinwohlökonomie (Felber 2016, 2018)

Was Gemeinwohl ist kann nur über einen demokratischen Diskussions- und Entscheidungsprozess „definiert" werden. Die Gemeinwohl-Matrix 5.0 ist das Ergebnis eines demokratischen Verständigungsprozesses und einem Prozess des Erfahrungsaustausches – ohne Eliten und Expertokratien (vergl. Felber, 2018, 35-39).

„Die Einkommens- und Vermögensungleichheiten werden in demokratischer Diskussion und Entscheidung begrenzt: die Maximal-Einkommen auf zum Beispiel das Zehnfache des gesetzlichen Mindestlohns; Privatvermögen auf zum Beispiel zehn, zwanzig oder dreißig Millionen Euro; das Schenkungs- und Erbrecht auf zum Beispiel 500 000 Euro pro Person; bei Familienunternehmen auf zum Beispiel zehn Millionen Euro pro Kind. Das darüber hinaus gehende Erbvermögen wird über einen Generationenfonds als „Demokratische Mitgift" (…) an alle Mitglieder der Folgegeneration verteilt: gleiches „Startkapital" bedeutet höhere Chancengleichheit. Die genauen Grenzen sollen von einem Wirtschaftskonvent demokratisch ermittelt werden".

„Bei Großunternehmen gehen ab einer bestimmten Größe (zum Beispiel 250 Beschäftigte) Stimmrechte und Eigentum teil- und schrittweise an die Beschäftigten und die Allgemeinheit über. Die Öffentlichkeit könnte durch direkt gewählte 'regionale Wirtschaftsparlamente' vertreten werden. (...)". „Die 'Aufsichtsräte des Souveräns' müssen hohe Qualifikationsanforderungen sowohl in Unternehmensführung als auch in Ethik und Gemeinwohl-Kunde erfüllen" (Felber, 2018, 100).

Es gibt „Demokratische Allmenden", Gemeinschaftsbetriebe im Bildungs-, Gesundheits-, Sozial-, Mobilitäts-, Energie- und Kommunikationsbereich. „Eine wichtige Demokratische Allmende ist die Demokratische Bank. Sie dient wie alle Unternehmen dem Gemeinwohl und wird wie alle Demokratischen Allmenden vom demokratischen Souverän kontrolliert und nicht von der Regierung. Ihre Kernleistungen sind sichere Vollgeld-Konten, Zahlungsverkehr, ethische Sparanlagen und Kredite sowie die Beteiligung an regionalen Gemeinwohl-Börsen. (...)". Die „Demokratischen Allmenden" werden durch einen Daseinsvorsorge-Konvent definiert. Bei diesen „demokratischen Allmenden" wird das Leitungsgremium (VertreterInnen der Behörden, der Beschäftigten, der NutzerInnen sowie eine(n) Gender-Beauftragte(n) und eine(n) ZukunftsanwältIn) direkt demokratisch gewählt. Wichtige Fragen dürfen von den EigentümerInnen selbst entschieden werden. In konkreten sehr wichtigen Fragen der Daseinsvorsorge wird eine Kooperation von Bevölkerung und städtischer Verwaltung organisiert (vergl. Felber, 2018, 112-114).

„Die repräsentative Demokratie wird ergänzt um Elemente direkter und partizipativer Demokratie und weiterentwickelt zu souveräner Demokratie (...). Der Souverän erhält 'Souveränitätsrechte' wie zum Beispiel: die Verfassung schreiben und ändern; eine konkrete Regierung wählen, abwählen und korrigieren; selbst Gesetze initiieren und beschließen; Grundversorgungsbereiche – Geld, Energie, Wasser – selbst kontrollieren; internationale Verträge in Auftrag geben und abstimmen". Noch ausführlicher in: Felber (2018, 137 und 139). Durch dieses neue Lösungsangebot werden für den Souverän umfassende Mitbestimmungs- und Kontrollrechte reserviert. Der Souverän gibt grundlegende Richtungsentscheidungen für alle Politikfelder vor (vergl.

Felber, 2018, 140); er ist maßgeblich derjenige, der Gesetze auf den Weg bringt und entscheidet (vergl. ders., 150).

Eine durch die Europäische Menschenrechtskonvention abgesicherte direkte Demokratie soll die nun intensiven Einflussmöglichkeiten des Souverän auf Sachfragen und Gesetze abstützen (vergl. Felber, 2018, 153 und 155). Schon erstrittene Grund-, Menschen- und Minderheitenrechte dürfen durch den Souverän nicht angetastet werden. Das ist durch eine Verfassung sicherzustellen (vergl. ders., 156). Schon die Möglichkeit eines aktiv werdenden Souveräns wird die konkrete Arbeit des Parlaments und der Regierung umsichtiger und Gemeinwohl-orientierter und nachhaltiger und friedvoller machen (vergl. ders., 157).

4. Höhere Zwecke haben statt nur bestimmte Forderungen stellen – der Beitrag von sozialen Bewegungen, der Zivilgesellschaft und der Gewerkschaften zur Demokratieentwicklung

Nicht jede Demonstration, nicht jedes Seufzen in den sozialen Medien, nicht jeder Kommentar in den Zeitungen stellen einen Beitrag zur Demokratieentwicklung dar. Wenn soziale Bewegungen, die Zivilgesellschaft oder auch die Gewerkschaften höhere Zwecke verfolgen, im Gegensatz dazu, dass nur bestimmte Forderungen gestellt werden, dann wird von dort aus ein Beitrag dazu geleistet, dass die Demokratie sich weiterentwickelt. Von der Mitte der Gesellschaft gehen kaum Impulse aus, damit es zu einem entscheidenden politischen Wandel kommt. Und wenn das Golfspielen wichtiger ist als eine breite Partizipation der Bevölkerung an den Wahlen oder in politischen Organisationen, dann geben Milieus das Streben nach höheren Zwecken auf. Die Politik ist manchmal erst zu einer neuen gesetzlichen Regelung bereit, „wenn ihr zwei Millionen seid". Es können aber bei der „schweigenden" Mehrheit höhere Zwecke verborgen sein, die advokatorisch zum Beispiel in der Zivilgesellschaft thematisiert werden[11].

---

11 Wenn Jürgen Habermas feststellt, dass die Zivilgesellschaft es vermag „Themen von gesamtgesellschaftlicher Relevanz aufzubringen", dann verweist er auf das Einstehen für höhere Zwecke in der Zivilgesellschaft, wozu diese Problemstellungen definiert, Beiträge zur Problemlösung liefert, neue Informationen beisteuert, Werte anders definiert, gute Gründe mobilisiert, schlechte denunziert, um „einen breiten Stimmungsumschwung herbeizuführen, die Parameter der verfaßten politischen Willensbildung zu ändern und zugunsten bestimmter Politiken Druck auf Parlamente, Gerichte und Regierungen auszuüben" (Habermas, 1992, 447f.).

4.1. Höhere Zwecke

Ein höherer Zweck kann sein, eine „autokratische“ Entscheidungspraxis von Parlamenten zu hinterfragen: Inwieweit dürfen die Parlamente über den Bürgern schwebende Raumschiffe sein, die unter Absehung der Wähler-Interessen aktiv sind? Inwieweit darf man nach der Wahl sich als Bürger nicht mehr in die Politik einmischen? Wer kontrolliert noch das Parlament nach einer Wahl? Wie weit wird mit Elitenkartellen regiert?

Ein anderer höherer Zweck kann sein, die Parteiendemokratie als die einzige Organisationsform der Gesellschaft zu hinterfragen, wenn es darum geht, das Wollen der Bürger in die Politik zu vermitteln. Soziale Bewegungen machen hier deutlich, dass die „Evolution“ der Demokratie weitergeht. Müssen erst soziale Bewegungen zur Partei werden, vergleiche die Herausbildung der Partei der GRÜNEN, damit sichergestellt werden kann, dass politische Alternativen in einem kontinuierlichen Prozess in das Parlament einsickern?

Ein weiterer höherer Zweck kann die Etablierung einer Vetokultur des Volkes sein, um die Selbstvergessenheit des Parlamentes zu korrigieren oder um eine Dynamik auszubremsen, wo der Parlamentarismus zur Beute von Lobbystrukturen wird. Diese Vetokultur muss „von unten“ initiiert werden, damit sie nicht für den Machtkampf von Parteiführungen, Eliten, Machthabern funktionalisiert werden kann.

Ein weiterer höherer Zweck kann sein, dass ein breiter und nachhaltiger Zugang zu öffentlichen Gütern wie Bildung und Information sichergestellt wird. Dadurch wird es erst möglich, ein freies Leben zu führen. Durch das WWW, Straßenmagazine, Publikationsorgane von NGO´s und den sozialen Bewegungen kann ein Gegengewicht gegen den „Indoktrinationscharakter“ der Massenmedien (vergl. Wernicke, 2017) aufgebaut werden[12]. Entmündigungstendenzen können durch

12 Die Friedensfrage ist z.B. ein höherer Zweck. Das Buch von Wernicke (und die verschiedenen Beiträge von diversen Autoren und Autorinnen darin) macht hierbei deutlich, dass die Berichterstattung in den Leit- und Mainstreammedien zu Friedensfragen nicht nur völlig unausgewogen ist, sondern zuweilen katastrophal einseitig und manipulativ. So wird in dem Buch darauf hingewiesen, wie Militärs und Verteidigungsministerien geopolitische Nachrichten manipulieren und ihre Agenda in die Berichterstattung einschleusen (vergl. S. 163), dass es z.B. einen Friedensmarsch in der Ukraine nicht im öffentlichen Bewusstsein gibt, weil die Agenturen

„andere" Informationen und gute Bildung abgeschwächt werden. Es ist eine andere Information notwendig, um anfangen zu können aus der Logik des „neoliberalen Projektes" auszusteigen.

Ein weiterer höherer Zweck kann sein, „commons" wieder neu zu entdecken. Alle, die sich für eine „Solidarische Ökonomie" oder „Ge-

---

nicht davon berichteten (vergl. S. 158), dass Frauen, weil sie dem Afghanistaneinsatz weniger zustimmend gegenüberstehen als Männer durch eine manipulierende Medienberichterstattung bearbeitet werden (vergl. S. 222f.), dass Bildmaterial manipuliert wird, um Kriegspropaganda bei der Ukraine-Krise zu betreiben (vergl. S. 262f.) usw. Es gibt in den Leitmedien friedenspolitisch relevante vergessene Nachrichten. Darauf weist die Jury der Initiative Nachrichtenaufklärung e.V. 2017 hin. So wird darauf aufmerksam gemacht, dass die meisten Auslandseinsätze der Bundeswehr unbekannt sind. Fakt ist, dass die deutsche Bundeswehr aktuell an sechzehn offiziellen Auslandseinsätzen in vierzehn Ländern beteiligt ist. Und: „Seit 1992 haben die Auslandseinsätze der deutschen Bundeswehr über 17 Milliarden Euro gekostet" (S. 281). Und es gibt dazu noch keine regelrechte Erfolgskontrolle. Dann ein anderer Hinweis: „Costa Rica ist einer von sehr wenigen Staaten weltweit, der über kein eigenes Militär verfügt, und das bereits seit über sechzig Jahren. Trotz der über zwanzig Länder ohne stehendes Heer und dem langen Zeitraum, den Costa Rica bereits darauf verzichtet, ist dieser Zustand nahezu unbekannt und wird und wurde von der Presse, sowohl von ausländischer als auch inländischer, stark vernachlässigt" (S. 281). Über die Rolle des Westens im Jemen-Konflikt, wo es auch zu Kriegsverbrechen, wie bei der Bombardierung von Krankenhäusern und dem Einsatz von Streubomben kommt, wird in den Medien kaum berichtet (vergl. S. 282f.). Uwe Krüger von den NachDenkSeiten zeigt die interessengeleitete durchwachsene und manchmal verquere Medienberichterstattung bei den Mainstream-Medien zur Ukraine-Krise Ende 2013 auf: Z.B. wird ein Völkerrechtsbruch bei Putin´s Annexion der Krim in den Medien gesehen und laut aufgeschrien, aber bei völkerrechtswidrigen Angriffs- und Drohnenkriegen des Westens in den Leitmedien das Schweigen bevorzugt (vergl. S. 128). Dies bringt er u.a. auch mit einer westlichen Sozialisation und kognitiven Prägung aus dem Kalten Krieg (vergl. S. 129) in Verbindung. Dann macht er deutlich, dass außenpolitisch tonangebende Journalisten aus der SZ, FAZ, Welt und ZEIT, die einschlägig mit dem US- und NATO-nahen außenpolitischen Establishment vernetzt sind oder waren, in zentralen Fragen zu Sicherheit und Verteidigung, Auslandseinsätzen der Bundeswehr etc. im wesentlichen derselben Meinung waren und kaum die Militärkritik, die von der Friedensbewegung und –forschung, Kirchen, Gewerkschaften und Linkspartei ausgeht, kaum berücksichtigt (vergl. S. 131). Zum Abschluss noch der Hinweis auf einen Beitrag, mit Blick auf den inneren Frieden, der darüber nachdenkt, wie man und ob man den Begriff „Lügenpresse" benutzen darf, ohne sich dabei in den Fangstricken rechtspopulistischer Meinungsmache zu verstricken (vergl. S. 86-94). Dann aber auch mahnende Worte in einem anderen Beitrag des Buches, mit Blick auf das ausdifferenzierte Mediensystem in Deutschland, nicht zu leichtfertig das Wort „Lügenpresse" in den Mund zu nehmen" (vergl. S. 277).

meinwohl-Ökonomie" engagieren machen deutlich, dass „öffentlichen Gütern und Dienstleistungen" eine stärkere Wertschätzung entgegengebracht werden sollte. Zu wenig Staat kann fatale Folgen haben, das wird hierbei deutlich gemacht.

Es geschieht im politischen Diskurs häufig, dass höhere Zwecke erst dann als höhere Zwecke anerkannt werden, wenn sie im politischen Prozedere und im politischen Diskurs an der Schwelle zur Systemrelevanz stehen. Aber es können durchaus aus Nischen heraus höhere Zwecke entdeckt und formuliert werden, wie es an der Initiative zur „Gemeinwohl-Ökonomie" (Felber, 2018) oder bei „Transition-Town-Bewegung" (Hopkins, 2014; Maschkowski/Wanner, 2014; Maschkowski, 2015; Krehl, 2015, Tügel, o.D.) deutlich wird.

4.2. Soziale Bewegungen, Neue soziale Bewegungen, Neue soziale Bewegungen 2.0

Soziale Bewegungen gehören zur demokratischen Kultur resp. zum politischen Raum wie Parteien, Wahlen und Parlamente. Dabei gibt es entscheidende Unterschiede: „Die einen sind rechtlich verregelt, institutionell und bürokratisch hochgradig ausgeformt; es gibt insbesondere formale Regelungen der Zugehörigkeit und Wahl in Ämter. Bewegungen sind spontaner, fluider, ungeregelter. Für eine Bewegung gibt es keinen Mitgliedsausweis und keine_n Ortsverbandskassierer_in" (Ullrich, 2015, 9).

Soziale Bewegungen haben „ein Ziel oder einen Zweck mit Bezug auf ihre soziale Umwelt: sie wollen die Gesellschaft ändern oder wahrgenommenen Wandel beeinflussen oder gar aufhalten" (ders., 10). Wenn soziale Bewegungen Kritik an heutigen Zuständen üben, dann aus einem Blick zurück und das führt nicht selten zu Abwehrkämpfen. Aber es gibt auch zukunftsgerichtete Utopien, die sozialen Bewegungen eine Dynamik verleihen.

Soziale Bewegungen sind meistens mit dem Protest fest verbunden[13]. Darüber mobilisieren sie Menschen, greifen sie direkt in Vor-

13 Die wesentlichen Leitmedien betrachten den Protest über Demonstrationen nicht als besonders politikrelevant und damit auch kaum als Form der Partizipation in

gänge ein (z.B. mittel Blockade und Boykott) oder schaffen eine Öffentlichkeit für Sachverhalte, die über andere Kanäle keine Thematisierung erfahren sowie diskursiv und politisch (aus der Sicht der Bewegungen) keine Beachtung finden (vergl. ders., 11). Die Frauenbewegung ist eine soziale Bewegung, die nahezu kaum den klassischen öf-

---

der Demokratie. Zuweilen werden Demonstrationen als eine naive Form des Aktivismus von einer Minderheit betrachtet (vergl. Teune/Sommer/Rucht, 2017, 40; s.a. S. 38 SZ vom 5.4.2004 zur Agenda 2010-Demonstration). Damit Demonstrationen als eher demokratierelevant erscheinen können wird oft die Repräsentativität der Demonstrierenden thematisiert – „breite Bürgerbeteiligung", quer „durch alle Schichten" (taz 28.3.2011 dies., 2017 auf S. 34); oder auch „konservative CDU-Wähler zusammen mit Robin-Wood-Aktivisten" (FR 2.10.2010 ebenfalls auf S. 34). Wenn Gewalt ins Spiel kommt, wie beim G8-Protest in Rostock wird der Demonstration der politische Charakter abgesprochen (vergl. dies., 2017, 36). Manchmal sieht man in der Presse/in den Medien in der Teilnahme an der Demonstration/am Protest antidemokratische Reflexe, wo der „Bürger aus Frust und Angst nicht an der Willensbildung teilnimmt" (vergl. Informationen am Abend [Deutschlandfunk] vom 2.6.2007 in diese., 2017, 35). Und wenn bei der Agenda 2010-Demonstration vom 3.4.2004 von einem „Aufstand der Ratlosen" (Die Zeit 7.4.2004) gesprochen wurde und bei dem „Protest der Verlierer" (Tagesthemen 3.4.2004) „fehlende Ziele" (Die Zeit 7.4.2004) ausgemacht werden (vergl. dies., 2017, 35), dann werden subtil den Demonstrierenden eine fehlende Selbstvergewisserung um höhere Zwecke untergeschoben. Überhaupt verbauen sich wesentliche Leitmedien den Blick auf höhere Zwecke bei Demonstrationen, weil „sich relativ wenige der medialen Deutungen mit den Gründen und Motiven der Proteste auseinandersetzen" (dies., 2017, 33). Das geschieht, wie bei der Bild-Zeitung, auch deswegen, weil hier eine politisch-kulturelle Distanz zu einer „Politik von unten" besteht (vergl. dies., 2017, 25). Auch der Focus belichtet kaum die Frage, warum ein Protest stattfindet. Aus einer anderen Perspektive, nämlich aus der Befragung von Demonstrationsteilnehmern und –teilnehmerinnen, wird hingegen deutlich, das Demonstrierende schon „höhere Zwecke" formulieren können, diese begründet vertreten können und dadurch zum politisch relevanten Handeln motiviert sind. So wird aus der Befragung von Demonstrierenden bei G20-Demonstrationen im Juli 2017 in Hamburg deutlich, dass diese um mehr Demokratie und Menschenrechte ringen, sich für soziale Gerechtigkeit einsetzen und Armut und Hunger als Skandal empfinden (vergl. Haunss/Daphi u.a., 2017, 11, Abb. 6). Allerdings ist differenziert anzumerken, dass die Teilnehmer/-innen der Demonstration vom 2. Juli, die überwiegend durch einen Aufruf von vielen Umweltorganisationen, Bündnis 90/die Grünen und dem Mobilisierungsnetzwerk Campact zusammenkamen, schwerpunktmäßig die Politik der G20 ablehnten (vergl. Campact-Geschäftsführer Christoph Bautz), während die Demonstrierenden, die sich durch das Protestbündnis linker, überwiegend antikapitalistischer Organisationen und Parteien für den 8. Juli mobilisieren ließen unter einer generellen Ablehnung der G20 zusammenfanden (vergl. dies., 2017, 1).

fentlichen Protest als Handlungsstrategie wählt (vergl. Roth, 2001, 250).

Soziale Bewegungen, wie sie über „campact“ mobilisiert werden, stärken die demokratische Teilhabe bzw. stärken die Kommunikation zwischen Bürgern und Politik bei aktuellen politischen Themen. „Campact“ versucht durch Online-Aktionen die Politik zu beeinflussen. Durch „campact“ mobilisierte Bürger und Bürgerinnen wurden aktiv bei Wahlveranstaltungen von Politikern. „Campact“ organisiert Kampagnen für eine sozial gerechte, ökologisch nachhaltige und friedliche Gesellschaft, setzt sich auch für eine gute demokratische Kultur ein – in diesem Sinne klärte sie über einen Blog-Beitrag über das politische Profil der AfD auf[14]. „Campact“ verschränkt die eigenen Aktivitäten mit der Zivilgesellschaft und auch mit den Gewerkschaften (vergl. Wikipediaeintrag zu campact vom 20.3.2018).

Soziale Bewegungen können über eine Kampagnenpolitik dazu beitragen, dass (vernachlässigte) höhere Zwecke in eine (politische) Agenda überführt werden (vergl. Roth, 2001). Durch die neuen sozialen Bewegungen wurden nun Fragen und Themen politisch, die vormals in „unpolitische“ Räume abgedrängt worden waren oder als Sachzwangsachverhalte oder natürliche Dinge dem politischen Diskurs und Gestaltungsfeld ferngehalten wurden, gemäß dem Motto „Entpolitisierung ist Entdemokratisierung“ (Zeuner) (vergl. Roth, 1999, 50ff.; s.a. Klein, 2001, 190ff.). Es ist z.B. bedeutsam, dass von den neuen sozialen Bewegungen Impulse für eine gewaltschwächere resp. –ärmere Demokratie ausgehen; es wird an einer Zivilisierung des demokratischen Staates gearbeitet (vergl. Roth, 1999, 52; s.a. Klein, 2001, 149f.).

In der Gesamtheit einer Bewegung sind eine Vielzahl von Akteuren heterogener Art vernetzt (Individuen, Gruppen, Parteien, NGOs uvm.) – siehe z.B. die attac-Bewegung. „Manche davon (…) sind dichter vernetzt und kontinuierlicher mit dem Anliegen der Bewegung befasst; andere sind eher lose verbunden und werden nur gelegentlich zu Aktivitäten mobilisiert“ (Ullrich, 2015, 12). Fehlen stabilisierende Netzwerke, dann verschwindet gar manche Bewegung, die – wie die Occupy-Bewegung – zunächst für Furore sorgte, sehr schnell wieder.

14 https://blog.compact.de/2016/03/steuern-bildung-hartz-iv-was-die-afd-wirklich-will/ Update vom 26.4.2016

Einzelne Verbände, wie der BUND waren vorübergehend eine Bewegungsorganisation, um dann wieder als Verband zu wirken (vergl. Roth, 2001, 241). Und: Verbände können das Rückgrat von Bewegungen darstellen, wie es an der Ökologiebewegung deutlich wird (vergl. ders., 243).

Bewegungen bilden eine „kollektive Identität" aus. Diese wird prozesshaft in kollektiven Praxen immer wieder neu begründet, stabilisiert oder auch transformiert (vergl. Ullrich, 2015, 12). Bei den (sozialen) Bewegungen müssen die Identitäten nicht über so starke Elemente wie ein Glaubensbekenntnis oder ein verbindliches Programm sichergestellt werden. „Schwache" Identitäten machen Bewegungen attraktiv für ein breit aufgestelltes Bündnis – wie zum Beispiel die Umweltbewegung oder die globalisierungskritische Bewegung.

„Manche Forscher_innen sehen Bewegungen (…) als Seismographen für soziale Probleme, quasi als soziales Frühwarnsystem in der Risikogesellschaft (…)" (Ullrich, 2015, 12). Sie stehen für eine „advokatorische Interessenvertretung" und sind in diesem Sinne eine „kritische Öffentlichkeit" (vergl. Klein, 2001, 148). „Doch als Teil der Gesellschaft sind soziale Bewegungen wie die an ihnen beteiligten Akteure auch geprägt von der Gesellschaft, in der sie entstehen, Ausdruck ihrer jeweiligen Beschaffenheit, ihrer Wissenshorizonte und ihrer Problemstellungen und damit nicht nur Warner und Beobachter, die quasi ′von außen′ kritisieren" (Ullrich, 2015, 13). Sie reproduzieren daher auch die Strukturen und Wissensvorräte der Gesellschaft.

Die neuen sozialen Bewegungen wagten mehr innere Demokratie (Verzicht auf formale Hierarchien, das stärkere Kultivieren des Konsensprinzips, mehr Beachtung für die unmittelbar Betroffenen usw.) (vergl. Roth, 1999) und so sind soziale „Bewegungen (…) gerade wegen ihres informellen Charakters und ihrer horizontalen, tendenziell hierarchiearmen Struktur Experimentierfelder für Demokratieinnovationen. Direkte Demokratie, Öffentlichkeitsbeteiligung, Partizipation, deliberative Demokratie – all dies gäbe es nicht ohne soziale Bewegungen, die in ihren horizontalen Praxen solche Dinge erproben" (Ullrich, 2015, 14f.; s.a. Roth, 1999, 55)[15].

15 Noch zwanzig Jahre früher wurden die politischen Erfolge der neuen sozialen Bewegungen bescheidener vermessen: „Insgesamt ist festzustellen, daß die Impulse der neuen sozialen Bewegungen das Institutionensystem der liberalen Demokratie

Neue soziale Bewegungen 2.0[16] stehen für eine Revitalisierung der demokratischen Kultur. Es geht um „direktdemokratische Formen" (Ullrich, 2015, 20). Auch wollen die „Neuen sozialen Bewegungen 2.0" die Demokratie ganz anders leben und neu erfinden. „Präsentische Demokratie" ist hierbei ein wesentliches Stichwort. Unmittelbares Zusammenkommen auf Plätzen ist hier wichtig statt in das parlamentarische System der Repräsentanten/-innen hineinzuwirken bzw. „neue" Repräsentanten/-innen zu „schaffen" (vergl. ders., 20). Zur „präsentischen Demokratie", als höherer Zweck, gehört auch, dass ein echter Austausch von Interessen gepflegt wird, von Interessen, die anderswo nicht repräsentiert sind, nicht im Parlament, nicht in den Medien, nicht in den Parteien, nicht in den Gewerkschaften (vergl. ders., 20). „Die besetzten Plätze sind (hierbei R.M.) ein Laboratorium und zugleich ein *Lernort* demokratischer Praxis oder vielmehr von Praktiken der Selbstermächtigung" (ders., 20). Die „Neuen sozialen Bewegungen 2.0" haben ganz eindeutig einen „höheren Zweck": Demokratie ist zu intensivieren, es dürfen keine Institutionen entstehen, die der demokratischen Kontrolle entzogen sind, die Gesetzgebung darf nicht an Unternehmensberatungsfirmen delegiert werden, es darf keine Selbstentmachtung des Parlaments durch einen intensiven Lobbyismus zugelassen werden.

4.3. Zivilgesellschaft

Volker Heins macht in seiner Einführung zum Buch „Das Andere der Zivilgesellschaft" deutlich, wie sehr der Begriff der Zivilgesellschaft im Tagesgeschäft zur „Worthülse" verkommen ist und sogar dann noch

nur wenig verändert haben: 'Das staatliche Institutionenset von parlamentarisch-repräsentativer Demokratie, Mehrheitsprinzip, Dominanz des bürokratisch-administrativen Apparates etc. ist trotz theoretischer und praktischer Kritik aus dem Umkreis der Bewegungen ohne grundlegende Neuerungen beibehalten worden'. (Nullmeier 1989b: 12) Zu verzeichnen sind, so Roland Roth, allenfalls Repertoireerweiterungen und institutionelle Anbauten, nicht aber weiterreichende politisch-institutionelle Reformen (Roth 1994: 253ff; siehe auch Roth 1998: 57)" (Klein, 2001, 148).

16 Deswegen so genannt, weil ihre Mobilisierung sehr stark über Twitter, Facebook & Co. stattfindet.

von Zivilgesellschaft gesprochen wird, wenn Dinge geschehen, die nicht der Demokratieentwicklung dienen, wenn sie nicht mehr am Aufbau einer Kultur der Gewaltlosigkeit beteiligt ist oder sogar im Dienst eines gepflegten Antisemitismus ist (vergl. 2002, 7-17). Und es wäre zu wenig Zivilgesellschaft gedacht, wenn man sie nicht als Träger(in) eines armutssensiblen Engagements gegen einer „barbarische Ökonomie" betrachten würde (vergl. ders., 72-74) und wenn man nicht sehen würde, dass Zivilgesellschaft ein Bereich in der modernen Gesellschaft ist, in dem Solidarität generiert wird (vergl. ders., 81; s.a. 82f.), wobei natürlich nur eine normativ gehaltvolle Solidarität gemeint sein kann (vergl. Mierzwa, 2017).

Mit der Herstellung eines Zusammenhangs zwischen der Diskussion um und des Engagements für höhere Zwecke soll ein Beitrag dazu geleistet werden das Verständnis von Zivilgesellschaft zu stabilisieren, etwa gegen ein Vereinnahmung „von rechts".

„Zivilgesellschaft (...) ist der Teil der Gesellschaft, der sich an der Gestaltung und Strukturierung des Zusammenlebens durch politisches, kulturelles, pädagogisches, soziales und sonstiges Engagement beteiligt. (...) Ihr gemeinsamer Nenner ist der Wille und die Bereitschaft, sich darum zu bemühen, (...) bei der Gestaltung der Gesellschaft (...) mitzuwirken und Einfluss zu nehmen" (Jansen, 2005, 160).

Zur politischen Rolle der Zivilgesellschaft: „Sie kann soziale oder politische, kulturelle oder ökologische Probleme dadurch lösen, dass sie freiwilliges solidarisches Handeln der Bürgerinnen und Bürger zu gemeinwohlorientierten Zwecken organisiert. Sie kann zugleich auch als ein Forum oder eine Organisationsform wirksam werden, mit denen die Bürgerinnen und Bürger auf den Staat oder auf den Markt einwirken" (Meyer, 2009, 138). Und sie kann auch dafür wichtig sein, dass sich ein „demos" auf europäischer Ebene herausbildet und auf indirektem Wege so etwas wie eine „repräsentative Demokratie" sich auf europäischer Ebene etabliert (vergl. Nijhuis, 2009).

Es wird zwischen einer allgemeinen Zivilgesellschaft und einer organisierten Zivilgesellschaft unterschieden. Organisierte Zivilgesellschaft ist jener Teil der Zivilgesellschaft, der sich durch Organisationen artikuliert und deren Existenz selbst ein strukturierender Faktor der Gesellschaft ist. In diesen Organisationen mobilisieren sich Bürger und Bürgerinnen mit ihren spezifischen Kenntnissen, Fähigkeiten und

Möglichkeiten zu einem bestimmten Thema/Anliegen (z.B. Bekämpfung von Armut und Ausgrenzung, Bekämpfung von Diskriminierung, Verteidigung von Verbraucherinteressen, Umweltschutz, Förderung und Verteidigung von Bürgerrechten etc.) (vergl. Jansen, 2005, 161. 154-158).

„Mit ihren Gemeinschaftsformen, ihrer öffentliche(n R.M.) Wirksamkeit und ihren solidarischen Energien (Sozialkapital), ist die Zivilgesellschaft ein besonderes Handlungsfeld zwischen Staat und Wirtschaft. Sie folgt ihren eigenen Regeln, die sich von denen des staatlichen und wirtschaftlichen Handelns unterscheiden. Das zivilgesellschaftliche Handeln der Bürger ist freiwillig wie in der Wirtschaft, im Gegensatz zu ihr aber zumindest stets *auch* gemeinwohlorientiert. Es gleicht in dieser Hinsicht also dem staatlichen Handeln, aber ohne Einsatz von Machtmitteln. Solches Handeln zeigt sich in einer Stadtteilinitiative zur Entfaltung kultureller Angebote für alle dort lebenden Bürger, in einer Bürgerinitiative zur Abwendung eines den Stadtteil bedrohenden Straßenbauprojekts, in einem Diskussionsforum zur gemeinsamen Beratung über die künftige Entwicklung der Stadt oder in einer Selbsthilfegruppe zur Verbesserung des Zusammenlebens der Angehörigen unterschiedlicher Kulturen“ (Meyer, 2009, 138f.). Die Zivilgesellschaft kann Solidarität mit den Armen (Tafeln) oder Flüchtlingen mobilisieren helfen und das Bewusstsein für eine Weiterentwicklung des Sozialstaates befördern sowie für eine qualitative Vertiefung der staatlichen Regelungen im Horizont der Menschrechte eintreten. Dabei werden auch Nichtregierungsorganisationen und Kontrastgemeinschaften aktiv, die man auch als Teil der Zivilgesellschaft begreifen muss (vergl. Mierzwa, 2014, 394-437; Mierzwa, 2017, 259-267). Die „im Jahr 1946 gegründete UNICEF (...), der ′Saving Children Fund′ und die internationale Kampagne gegen Landminen (...) verdanken sich dem Erschrecken vor der entgrenzten Gewalt in der modernen Welt“ (Reichardt, 2004, 68).

Die „Zivilgesellschaft (ist R.M.) auch die beste Schule der Demokratie“, weil z.B. darüber nicht nur politischer Einfluss ausgeübt wird, sondern auch politische Urteils- und Handlungskompetenzen erlernt werden. Auch wird durch die Partizipation an der Zivilgesellschaft ein Bewusstsein dafür entwickelt, wie politische Prozesse ablaufen (vergl. Meyer, 2009, 139f.).

Als „Bürgerlobby“ kann die Zivilgesellschaft einen Einfluss auf die Organisationen und Institutionen des politischen Systems aufbauen (vergl. ders., 140). Dabei gibt es aber auch Grenzen, um höhere Zwecke in den Politikbetrieb zu implementieren.

„Zivilgesellschaftliche Aktivitäten in Form von Foren der bürgerschaftlichen Selbstaufklärung können ebenso, auch das hat diese Bewegung unter Beweis gestellt, vernachlässigte Themen in der Aufmerksamkeit der Massenmedien beträchtlich aufwerten und die Art der Behandlung von Informationen und Argumenten verändern“ (ders., 141).

Demokratiepotenzial der Zivilgesellschaft: „Sie bietet politisch beteiligungswilligen Bürgern eine breite Palette von Partizipationschancen, sie stärkt die politische Kultur der Demokratie und sie verbessert die Kapazität moderner Gesellschaften zur politischen Selbststeuerung. Das gilt auch für die transnationale Politik. Die transnationale Zivilgesellschaft mit ihren global verzweigten Netzwerken und vielfältigen Feldern des Engagements – Menschenrechte und Umweltschutz, Armuts- und Korruptionsbekämpfung, humane Arbeitsbedingungen und Abrüstung – ist zu einer der tragenden Säulen im allmählich entstehenden Gebäude einer transnationalen Demokratie (global governance) geworden“ (ders., 142).

Die Zivilgesellschaft kann durchaus „Interessen passiver Bürgergruppen“ vertreten, das macht z.B. attac oder die Tafelbewegung deutlich. Sie versuchen z.B. politisch Verantwortliche für eine tiefer gehende Gerechtigkeit in den sozialstaatlichen Regelungen zu sensibilisieren. In diesem Zusammenhang ist auch zu erwähnen, dass von der Zivilgesellschaft Initiativen für einen politischen Konsum (Boykott!!!) ausgehen/ausgingen, die in Ansätzen im ökonomischen Bereich politisch wirksam waren (vergl. Stolle/Hooghe/Micheletti, 2004, 158).

Die Zivilgesellschaft setzt Akzente gegen eine Entemotionalisierung des politischen Diskurses, von politischen Verhandlungen und von strategisch aufgesuchten Interessenkoalitionen. Höhere Zwecke werden nicht abstrakt eingebracht bzw. es wird der „Kaschierung von Emotionalität“ beim „Promoten“ von höheren Zwecken widersprochen.

Es gibt eine „dunkle Seite der Zivilgesellschaft“, etwa wenn sich die Vermarktung biologischer Produkte mit der Etablierung „völkischer“ Betrieb in Beziehung setzt. Und es gibt „zivilgesellschaftliche“ Zusammenschlüsse, die „Brutstätten“ von Rassismus, Intoleranz, Feindbildung usw. sind. Nicht weniger problematisch für eine Demokratie ist es, wenn über zivilgesellschaftliche Zusammenschlüsse „soziale Distanz“, eine „Ellbogenmentalität“ oder Korruption kultiviert werden (vergl. Roth, 2004). Dagegen ist festzuhalten, dass Zivilgesellschaft immer zugleich mit den Werten „Demokratie“, „Menschenrechte“ und „Solidarität“ besetzt ist – das wird z.B. an der Transition-Town-Bewegung sichtbar. NGO´s als Teil der Zivilgesellschaft sind besonders normativ aufgeladen, sind Garanten für die Einhaltung von Normen und Wertstandards und damit bevorzugte Agenten höherer Zwecke – z.B. im Bereich der Umwelt-, Menschenrechts- und Entwicklungspolitik[17].

Wenn sich zivilgesellschaftliches Engagement von der Straße (Friedens- und Anti-AKW-Bewegung) zum Teil auf online-Aktivitäten (vergl. „campact“) verschiebt, dann ist die Zivilgesellschaft nicht temporär und nicht weniger verlässlich für den Bestand der Politik. Zivilgesellschaftliches Engagement in Deutschland unterliegt einem Transformationsprozess in den letzten dreißig/vierzig Jahren. Es zeigt sich nun in Graswurzelaktivitäten, die nach dem Konsensprinzip organisiert werden; der Praxis von tausend Alternativen im Horizont des Leitgedankens einer „solidarischen Ökonomie“ und der Bildung von Kontrastgemeinschaften.

Es ist bisher noch nicht besonders stark durchschaubar, ob zivilgesellschaftliche Partizipation an dem deliberativen Beratungsprozess

---

17 Annette Zimmer sieht Anfang der Jahrtausendwende NGO´s noch nicht eindeutig auf der Seite der Zivilgesellschaft, auch wenn sie die Bewegungsorientierung sieht und diese als Raum für bürgerliche Selbstorganisation und bürgerliches Engagement respektiert (vergl. 2001, 336; 337f.). Sie diskutiert, ob die NGO´s für die Verbändeforschung anschlussfähig sind, auch wenn diese gegenüber den klassischen Verbänden keine mitgliederbasierte Organisationen sind, sondern sich sehr stark über Spenden in Stand setzen. Auch wenn es wie bei den klassischen Verbänden auch NGO-Eliten gibt, die nahtlos in die „Konkurrenzbereiche“ von Markt und Staat überwechseln, so repräsentieren NGO´s sehr stark ein wertgebundenes Politik-Engagement und allgemeine Interessen, während Verbände dagegen Mitgliederinteressen repräsentieren. Sie dienen der Demokratie durch ihr Expertenwissen, das zu einer Effizienzsteigerung der Entscheidungsfindung bei EU-Institutionen usw. beiträgt (vergl. S. 348) – hier ähneln sie den Aktivitäten der Verbände. Daher sollte man, so A. Zimmer in ihrem Schlussplädoyer, die Verbändeforschung hinsichtlich des Verstehens und Einordnens der NGO´s nicht vorschnell über Bord werfen (vergl. dies., 351).

auf internationaler Ebene die demokratische, die menschenrechtliche usw. Qualität internationalen Regierens erhöht. Man kann z.B. nicht definitiv sagen, ob wegen der Verletzung international anerkannter Normen aktiv gewordene zivilgesellschaftliche Organisationen, das internationale Regieren zu Kurskorrekturen brachte (vergl. Nanz/Steffek, 2005). Aber wenn NGO´s bei der Mediation von Konflikten und der Friedenskonsolidierung aktiv beteiligt waren, leisteten diese einen Beitrag zum höheren Zweck „Frieden“ (vergl. Klein, 2001, 228). Diese überwiegende Erfolglosigkeit darf nicht dazu verführen in eine Politik der kleinen Schritte auszuweichen resp. das radikale Moment in der Zivilgesellschaft aufzugeben (vergl. Klein, 2001, 239f.).

Die Zivilgesellschaft würde dem Engagement für höhere Zwecke keinen guten Dienst erweisen, wenn sie in die Omnipotenzfalle hineingeraten würde, sich in Lobby-Arbeit verrennen und die Aufgabe gesellschaftlicher Mobilisierung vernachlässigen würde, wenn infolge der Institutionalisierung ein verstärktes Interesse an Arbeitsplatzsicherheit aufkommen würde und wenn sie sich von staatlichen und kommunalen Akteuren absorbieren lassen würde (vergl. hierbei die Ausführungen zu NGO´s bei Klein, 2001, 241).

4.4. Gewerkschaften

Mit dem Einsatz für die Mitbestimmung im Betrieb leisten die Gewerkschaften einen originären Beitrag zur Demokratiekultur in Deutschland, auch wenn die Mitbestimmung unter Druck gerät (Nachtwey, 2012, 93). Zunächst muss man aber festhalten, dass Mitbestimmung nicht Demokratie im Betrieb bedeutet, sondern „nur“ Einschränkung der Macht des Managements darstellt (vergl. Brinkmann/Nachtwey, 2017, 15). Und unter postdemokratischen Entwicklungen (lokale Betriebsräte, die stärker demokratisch legitimiert sind als Gesamt- und Konzernbetriebsräte, weisen eine sinkende Regulationsfähigkeit auf) wird zunehmend stärker die mitbestimmungspolitische Souveränität der demokratisch gewählten Interessenvertreter in Frage gestellt. Durch zunehmend mehr „fragmentierte Fabriken“ infolge von Profit-Center und eigenständigen Betriebsstätten, „heterogene Belegschaften“ infolge von Leiharbeit und Werkverträgen, einem Mandatsmanko bei steigenden Anforderungen an Herausforderungen des Betriebsrates leidet die Mitbestimmung (vergl. dies., 2017, 26-51, 196-201). Und: Durch diese Verschiebungen wird es immer weniger möglich, über die Mitbestimmungskultur höhere Zwecke in die Kommunikation im Unternehmen und Betriebe und daran anschließende Gestaltungsprozesse einfließen zu lassen. Die gewerkschaftliche Rückbindung der betrieblichen Interessenvertretung macht es aber wahrscheinlicher, dass höhere Zwecke intensiver in den gesellschaftlichen Diskurs hineingereicht werden und die Schwächung der demokratischen Mitbestimmung abgemildert wird.

Damit stehen die Gewerkschaften nicht vor der einzigen Herausforderung in der Demokratie. Diese müssen höhere Zwecke im Kontext des sozialstaatlichen Arrangements wieder mehr profilieren und innovative sozialstaatliche Inhalte in die gesellschaftlichen Aushandlungsprozesse einfüttern, auch um in der Konkurrenz zur Angebotspalette der Versicherungswirtschaft bestehen zu können und den Drift der Arbeitnehmer/-innen zu privaten/privatwirtschaftlichen Lösungen abzuschwächen (vergl. Schroeder, 2013, 13).

Die Gewerkschaften könnten als intermediäre Institutionen einen Beitrag dazu leisten, damit Erwerbslose (und Arme) wieder mehr Anschluss an das politische System (Parteien; Bereitschaft zu Demonstrationen) und die politischen Institutionen finden. Sie könnten sozialstaatliche Arrangements im Interesse von Erwerbslosen hinterfragen und auf eine veränderte sozialpolitische Gesetzgebung hinwirken (vergl. Schröder/Voigtländer, 2013).

Mit dem Engagement der GEW für inklusives Lernen und Leben in der „inklusiven Schule" resp. den Ausbau eines inklusiven und demokratischen Bildungswesens will diese zusammen mit anderen Institutionen (z.B. Aktion Humane Schule; Gemeinnützige Gesellschaft Gesamtschule - ...; Grundschulverband etc.). in dem Bündnis „Eine für alle – Die inklusive Schule für Demokratie" etwas gegen die soziale Spaltung in der Gesellschaft unternehmen, weil das der Demokratie abträglich ist. Die Ablehnung von gesellschaftlich schwachen Gruppen ist ein Nährboden für die Hinwendung zu rechtspopulistischen Strömungen. Indem durch diesen neuen Ansatz eine Entkoppelung der Lernerfolge bei Schülern/-innen von der sozialen Herkunft gelingt, trägt sie mittelbar zu einer Stärkung der Demokratie bei (vergl. GEW, 2017a, 2017b).

4.5. Höhere Zwecke in Zeiten der Postdemokratie – eine Bilanz

In der Postdemokratie (vergl. Crouch, 2008; Meyer, 2009, 195-199; Jochem, 2013) werden höhere Zwecke, die für die Demokratie relevant sind, von PR-Experten, Spin-Doctors und Lobbyisten der Wirtschaft vorsortiert, qualitative inhaltlich zurechtgeschnitten resp. zurechtgestutzt oder originell in Szene gesetzt. Dadurch wird einerseits das Profil höherer Zwecke zuweilen verstümmelt, wie es an dem Thema Frieden deutlich wird; dann erscheinen andererseits auch manche höhere Zwecke nicht auf der Bühne des öffentlichen demokratischen Diskurses, wie es an der „Armutsfrage" und ihre Konsequenzen für die Demokratie deutlich wird.

Dass manche unterbelichtete höhere Zwecke im Kontext der Demokratie bewusst bleiben, verdanken wir den sozialen Bewegungen, der Zivilgesellschaft und den Gewerkschaften. Leuchtturmprojekte, die die Demokratie von Grund auf einüben, vergleiche das Genossenschaftswesen (vergl. Albes, 2018), die Gemeinwohl-Ökonomie (vergl. Felber, 2018), Community Organizing, Kontrastgesellschaften mit einer Konsenskultur usw. durchsäuern die Gesellschaft über die Verbindung aktiv verfolgter höherer Zwecke mit leibhaftig erfahrbarer Demokratie. Sie alle können zu einem Schwergewicht der Beeinflussung politischer Entscheidungsträger werden und damit die „andere Seite" höherer Zwecke in die demokratische Gesellschaft einbringen. Das wird zum Beispiel an dem Thema Menschenrechte deutlich. In diesem Zusammenhang stellt beispielsweise der Verzicht von ÄRZTE OHNE GRENZEN (seit Sommer 2016) auf öffentliche Gelder wegen der Flüchtlingspolitik der deutschen Bundesregierung aus der Perspektive der Menschenrechte nicht eine Abwendung von den politischen Institutionen dar (vergl. hier das Argumentieren bei: Crouch, 2008, 25f.).

Es ist ein Wesenszug der postdemokratischen Gesellschaft, dass nicht mehr Parteien die Lufthoheit darüber haben, was ein höherer Zweck ist. Auch das Parlament ist nicht mehr der exklusive Ort, wo man nach der Formulierung höherer Zwecke suchen kann. Mit großem Selbstvertrauen und großer Selbstsicherheit formulieren soziale Bewegungen und NGO´s zum Beispiel höhere Zwecke, mit einer erstaunlichen Tiefensensibilität; sie formulieren diese höheren Zwecke sehr stark (vergl. die AttacBasisTexte) im Vergleich zu den farblosen und blassen Imageblättern der Parteien. Das gibt den Bürgern häufig ein starkes Motiv sich in den sozialen Bewegungen einzubringen und an NGO´s zu partizipieren.

Es ist ein Markenzeichen der sozialen Bewegungen und der Zivilgesellschaft höhere Zwecke nicht „aalglatt“ zu kommunizieren, sondern mit guten Gründen, Klarheit in der Position sowie mit vielen Hintergrundinformationen in den Diskurs hineinzureichen. Hier wird weitestgehend vermieden, Information als Ware zu behandeln und Programme zu „Produkten“ zurecht zu schneidern (vergl. die „Informationen“ von Ohne Rüstung Leben oder die Transition-Town-Bewegung). Damit wird der Demokratie ein starker Dienst erwiesen (vergl. im Zusammenhang zu den hier gemachten Ausführung die Darstellung zur Postdemokratie bei: Crouch, 2008, 35-38). Ihre Sprache und ihre Gedanken sickern auch in die Sprache und die Gedanken von Menschen ein, die normalerweise nichts mit solchen Gruppen zu tun haben (vergl. Crouch, 2008, 148).

Mittels der durch die sozialen Bewegungen und die Zivilgesellschaft – vergleiche die Tätigkeiten von campact – aufgeworfenen Problemstellungen und Lösungsansätze ist eine stärkere Programmierung der Politik möglich, als es noch durch Wahlen geschieht.

5. Was bedeutet es machtvoll zu sein?

5.1. Staat/Politik/Gemeinwesen

5.1.1. Repräsentative Demokratie weiterentwickeln

„Die Bundesrepublik ist eine repräsentative Demokratie. Parteien spielen darin eine herausragende Rolle, weshalb man auch von Parteiendemokratie spricht. Doch ist diese Form der Demokratie noch zeitgemäß?

Deutschland ist als parlamentarische Demokratie organisiert und somit eine repräsentative Demokratie[18]. Das heißt, die Bürgerinnen und Bürger wählen in allgemeinen, unmittelbaren, freien, gleichen und geheimen Wahlen ihre politischen Interessenvertreter. Der Regierungschef – der Bundeskanzler oder die Bundeskanzlerin – werden durch das Parlament, den Deutschen Bundestag, gewählt.

Parteien[19], die miteinander um Einfluss und Macht konkurrieren, spielen in diesem System eine herausragende Rolle, weshalb man auch von Parteiendemokratie spricht. Sie stellen die Kandidaten für politische Ämter und nehmen zusätzlich Einfluss auf die Rekrutierung und die Besetzung von leitenden Positionen in Verwaltungen und Gerichten. (…)“[20]. Dabei trägt eine männerdomminierte Personalrekrutierung in fast allen Parteien dazu bei, dass Frauen in den Parteien, bei den Abgeordneten und bei Ämtern unterrepräsentiert sind (vergl. Sauer/Wöhl, 2012, 344-349).

„Parteien sind Organisationen, die in der Gesellschaft vorhandene Interessen aufnehmen und in den politischen Entscheidungsgang hinein vermitteln“ (Morlok, 2010, 21).

---

18 http://www.politische-bildung-brandenburg.de/glossary/term/1635

19 http://www.politische-bildung-brandenburg.de/glossar/parteien

20 http://www.politische-bildung-brandenburg.de/themen/politische-teilhabe/demokratie-deutschland/parteiendemokratie abgerufen am 27.10.17

„Die bundesdeutsche Parteiendemokratie wird (korrigiert R.M.) gegenwärtig von fünf großen Parteien bestimmt: der Schwesternpartei CDU/CSU, der SPD, der FDP, Bündnis90/Die Grünen und der Partei Die Linke"[21]. Ob sich die Alternative für Deutschland (AfD) dauerhaft als Machtfaktor etablieren wird, bleibt abzuwarten.

„In den letzten Jahren sind insbesondere die großen so genannten Volksparteien in die Kritik geraten. Sie leiden unter Mitgliederschwund, Führungsschwäche, Überalterung – und nicht zuletzt an Zustimmung in der Bevölkerung. Dies schlägt sich in niedriger Wahlbeteiligung und allgemeiner Politikverdrossenheit nieder.

(...) Im Grundgesetz[22] sind Parteien im Artikel 21 erstmals fest in einer deutschen Verfassung[23] verankert. Und das in den 1960er Jahren beschlossene Parteiengesetz[24] bindet sie stärker als alle anderen gesellschaftlichen Vereinigungen an demokratische Spielregeln[25].

Die deutsche Wiedervereinigung stellte einen großen Bruch in der bundesdeutschen Parteiendemokratie dar. Die fünf neuen Bundesländer hatten kaum praktische Erfahrung mit einem Mehrparteiensystem und viele Menschen standen Politikern aufgrund ihrer Erlebnisse in der DDR misstrauisch gegenüber. Das steigerte sich noch mit den Problemen und dem sozialen Umbruch, die der Transformationsprozess der Wendezeit mit sich brachte. Den Parteien wurde zugeschrieben, den Herausforderungen nicht mehr gewachsen zu sein – eine Entwicklung, die bis heute anhält.

Daraus leitet sich auch die Frage ab, ob die Parteiendemokratie noch zeitgemäß ist oder ob wir andere Demokratieformen brauchen.

Das demokratietheoretische Ideal besteht darin, dass die Regierenden den 'Willen des Volkes' als Grundlage des politischen Handelns respektieren. Doch das Volk hat nur noch geringen Einfluss auf das, was in den politischen Prozess inhaltlich einfließt. Dieser Befund ent-

21 http://www.politische-bildung-brandenburg.de/themen/politische-teilhabe/demokratie-deutschland/parteiendemokratie abgerufen am 27.10.17

22 http://www.politische-bildung-brandenburg.de/glossary/term/1597

23 http://www.politische-bildung-brandenburg.de/glossar/verfassung

24 http://www.bpb.de/nachschlagen/lexika/politiklexikon/17640/innerparteiliche-demokratie

25 http://www.politische-bildung-brandenburg.de/themen/politische-teilhabe/demokratie-deutschland/parteiendemokratie

springt nicht nur dem Eindruck des Einzelnen, sondern ist ebenso das Ergebnis politikwissenschaftlicher Studien.

(...) Schon länger sehen Kritiker einen Rückgang demokratischer Teilhabemöglichkeiten. Demzufolge würden zunehmend Lobbygruppen, Expertengremien, privilegierte Eliten, Massenmedien und starke Führungspersönlichkeiten Themen auf die politische Agenda[26] setzen. Der britische Politikwissenschaftler und Soziologe Colin Crouch hat dafür den Begriff ′Postdemokratie′[27] geprägt und damit einen neuen Entwicklungsabschnitt gekennzeichnet, der nach der Demokratie, wie sie in westlichen Ländern verstanden wurde, begonnen habe. Er versteht darunter eine Gesellschaft, in der zwar nach wie vor Wahlen abgehalten werden, in der allerdings ′konkurrierende Teams professioneller PR-Experten die öffentliche Debatte während der Wahlkämpfe so stark kontrollieren, daß sie zu einem reinen Spektakel verkommt, bei dem man nur über eine Reihe von Problemen diskutiert, die die Experten zuvor ausgewählt haben′[28].

Darüber hinaus prägen starke Führungspersönlichkeiten – oft medienwirksam begleitet, zunehmend das Gesicht der Politik. Ob Helmut Kohl, Angela Merkel oder Wladimir Putin in Russland, ihr Führungsstil wird oft als autoritär und undemokratisch wahrgenommen. Die parlamentarische Demokratie entwickelt sich damit stärker zu einer so genannten ′leader democracy′ (leader = engl. für Leiter, Führer, democracy = Demokratie), in der die Konzentration auf eine Person und ihre ′story′ den Blick auf Sachverhalte immer häufiger verstellt. Langfristig höhlt dieser Prozess die Wirksamkeit von Parteiendemokratien aus. Das ist nicht ungefährlich, denn auf Parteien als Kernstück einer parlamentarischen Demokratie scheint unsere Gesellschaft zumindest momentan nicht verzichten zu können.

Parteien[29] sind für die Meinungsbildung nach wie vor notwendig. Ohne sie sind Abstimmungen und Wahlen auf Landes-, Bundes-, und Europaebene kaum denkbar. Sie stellen das politische Personal. Das er-

26 http://www.politische-bildung-brandenburg.de/glossary/term/1577

27 http://www.politische-bildung-brandenburg.de./glossary/term/1628; zu Postdemokratie vergl. auch Bussemer, 2011, 22ff.

28 http://www.politische-bildung-brandenburg.de/themen/politische-teilhabe/demokratie-deutschland/parteiendemokratie

29 http://www.politische-bildung-brandenburg.de/glossar/parteien

fordert jedoch ein hohes Maß an Selbstkontrolle und Selbstdisziplin. Die Parteiendemokratie existiert nach wie vor als großer Rahmen. Aber sie richtet sich nach anderen Spielregeln: Die Herausforderungen, die das Internet an demokratische Gesellschaften stellt, sind momentan noch gar nicht in ihrer gesamten Bedeutung erkannt worden. Sie haben jedoch das Verhalten der Bürgerinnen und Bürger in der Gesellschaft und gegenüber Beteiligungsangeboten verändert. Beobachter sprechen von einer Entwicklung vom Staats- zum Marktbürger. Das heißt, dass sich die Bürgerschaft selbst zunehmend als Konsument politischer Angebote wahrnimmt und ihre Wahlstimme als Zahlungsmittel versteht[30]" (http://www.politische-bildung-brandenburg.de/themen/politische-teilhabe/demokratie-deutschland/parteiendemokratie abgerufen am 27.10.17).

Aber es gibt nicht nur die Bürgerschaft als Konsumenten. Es gibt die Bürgerschaft auch als Zivilgesellschaft – BUND, Amnesty International, terre des hommes, Internationaler Versöhnungsbund, IPPNW, Ärzte ohne Grenzen, Greenpeace, Attac etc. Hier ist die Wahlstimme nicht nur Zahlungsmittel, sondern symbolisiert auch eine Option für eine solidarischere, gerechtere, nachhaltigere, friedlichere Welt. Diese Zivilgesellschaft ist als originärer Bestandteil in die repräsentative Demokratie zu implementieren. Wie Parteienvertreter im Parlament sitzen, sollten zukünftig auch Vertreter und Vertreterinnen der Zivilgesellschaft mit den gleichen Rechten und Pflichten im Parlament vertreten sein. Entsprechend der Mitgliederzahl sollten innerhalb der NGOs demokratisch gewählte Repräsentanten in das Parlament entsendet werden. Sie sollten auch einen Zugang zu Ämtern haben und nicht nur in beratender Funktion tätig werden[31].

Aber die Parteien können auch etwas dazu beitragen, damit sie wieder ein von der Bevölkerung stärker geachteter Akteur in der repräsentativen Demokratie sind. Sie müssen „wieder mehr Mut zu inhaltlichem Streit und Auseinandersetzung" aufbringen, so Franz

30 http://www.politische-bildung-brandenburg.de/themen/politische-teilhabe/demokratie-deutschland/parteiendemokratie; s.a. Bussemer, 2011, 42 und Vaut, 2012, 244

31 Mit dieser Idee antworte ich auf die Anregung von Gesine Schwan, die die repräsentative Demokratie und das Parlament durch mehr zivilgesellschaftliche Teilhabe stärken will (vergl. 2011, 14f.).

Müntefering von der SPD. Und sie müssen wieder stärker „zu Orten politischer Willensbildung“ werden, so Britta Haßelmann von Bündnis 90/Die Grünen – so der Beitrag der Beiden auf der Frühjahrstagung des Politischen Clubs der Evangelischen Akademie Tutzing, März 2017 (vergl. https://www.ev-akademie-tutzing.de/krise-der-parteiendemokratie-krise-der-volksparteien... abgerufen am 21.7.18).

5.1.2. Direkte Demokratie

„Erst nach 1990 hat die direkte Demokratie auf Landes- und Kommunalebene einen Siegeslauf angetreten. Dazu trug die Wiedervereinigung bei und die Ereignisse ('Wir sind das Volk') die dazu geführt hatten, ebenso die Barschel-Krise 1987 in Schleswig-Holstein und 1995 in Bayern der Volksentscheid zur Einführung kommunaler Bürgerbegehren und Bürgerentscheide. Seitdem gibt es in allen Bundesländern auf staatlicher und kommunaler Ebene direkte Demokratie.[32] (...)

Und so hat die Nutzung direktdemokratischer Verfahren sprunghaft zugenommen. (...)

Direkte Demokratie ist in Deutschland populär. Rund 60 bis 80 Prozent der Bevölkerung wollen sie auch auf Bundesebene haben, ebenfalls alle Parteien außer der CDU (im Unterschied zur Mehrheit der CDU-Wähler).

Der große Vorteil direkter Demokratie besteht darin, dass die Ergebnisse letztlich näher an den Präferenzen der Bürger liegen, als es im allein repräsentativ-demokratischen System der Fall ist. Direkte Demokratie verschafft den Bürgern politische Selbstwirksamkeit. Auf kommunaler Ebene setzen sich beim Bürgerentscheid knapp 50 Prozent der Bürgerbegehren durch. Und auf Landesebene sind es sogar über 60 Prozent. Dort geht es meist um Bildungsfragen, in den Gemeinden dagegen um Wirtschaftsprojekte, Sozial- und Bildungseinrichtungen und die Infrastruktur.

32 Nicht verschweigen darf man, dass die stärkere Etablierung der direkten Demokratie auch auf das Engagement und die Lobbyarbeit des Vereins „Mehr Demokratie e.V.“ zurückgeht (vergl. die Analyse zu den Stadtstaaten in Solar, 2014, 63f.).

Das Spektrum der Initiatoren umfasst Aktionsbündnisse, Parteien, Verbände und einzelne Personen. Direkte Demokratie verschafft denjenigen einen Machtzuwachs, die Sachfragen anders beurteilen als die jeweilige Regierungsmehrheit. (...) Volksentscheide haben auch das Potenzial, scharfe Auseinandersetzungen zu befrieden. (...).

Direkte Demokratie bedeutet auch keine Beschränkung auf ein einfaches Dafür und Dagegen. Vielmehr ermöglicht die auf Landesebene übliche Volksinitiative, dass ihre Initiatoren und das Parlament in einen intensiven Diskussions- und Kompromissprozess eintreten können. Nur wenn dieser nicht zum Erfolg führt, kommt es zum Volksentscheid. Und auch hier kann das Parlament einen eigenen Konkurrenzentwurf mit zur Wahl stellen. (...)

Eine Achillesferse der direkten Demokratie liegt – jedenfalls vordergründig – darin, dass sich Angehörige der Unterschicht an Volksentscheiden nur unterdurchschnittlich beteiligen. Zwar kann dies eine Ablehnung direkter Demokratie nicht begründen. Denn es ist unverhältnismäßig, einer Mehrheit demokratische Rechte und damit Freiheit vorzuenthalten, weil sich eine Minderheit nicht beteiligt. Deren Beteiligung lässt sich aber steigern, wenn Informationen und Werbung im Abstimmungskampf verständlicher gestaltet werden. Wenn Unterschichtsangehörigen klar ist, dass ihre Interessen betroffen sind und sie mit ihrer Stimme etwas erreichen können, beteiligen sie sich auch. Das zeigt der Bürgerentscheid über die Privatisierung städtischer Wohnungen in Freiburg im Breisgau vor zehn Jahren. Dort gingen in den betroffenen Stadtteilen überdurchschnittlich viele Bürger aus der Unterschicht zur Urne. Aber am besten verhindert werden könnte eine soziale Selektivität in Wahlen und Abstimmungen durch eine Wahl- und Abstimmungspflicht. Dies zeigen die Länder, in denen sie besteht.

Natürlich muss der demokratische Rechtsstaat Minderheiten schützen. Und das trifft auch direktdemokratische Verfahren. Deshalb ist die in Deutschland übliche präventive Normenkontrolle sehr gut. Sie stellt sicher, dass nur solche Bürger- und Volksbegehren überhaupt zur Abstimmung kommen, die nicht gegen höherrangiges Recht verstoßen, gegen die Landesverfassungen und das Grundgesetz mit ihren Grundrechten und das gesamte EU-Recht. (...) Gerichte müssen aber eine besonders scharfe Rechtskontrolle über die Praxis direkter Demokratie ausüben, wenn durchsetzungsschwache Minderheiten wie

Flüchtlinge betroffen sind. Gegen Abstimmungen, die von überbordenden Emotionen getrieben sind, schützt außerdem, dass direktdemokratische Verfahren zeitlich gestreckt sind. Vom Beginn des Sammelns der Unterschriften bis zur Abstimmung vergehen viele Monate, ja mitunter Jahre. Und das ist auch gut so.
(...)

Volksbegehren sind immer wieder deswegen auch für unzulässig erklärt worden, weil in den meisten Bundesländern Vorlagen verboten sind, die wesentlichen Einfluss auf die Finanzen des Landes haben. Dieses Finanztabu beschränkt die direkte Demokratie aber über Gebühr. Denn im modernen Staat spielen Finanzfragen eine überragende Rolle. Deshalb sollte das Tabu fallen. Im Gegenzug müssten die Initiatoren aber verpflichtet werden, einen Kostendeckungsvorschlag mit zur Abstimmung zu stellen. Abstimmungskampagnen kosten Geld. Damit finanzkräftige Gruppen nicht im Vorteil sind, ist die direkte Demokratie auch finanziell zu regulieren: Spenden sind offenzulegen und gegebenenfalls (korrigiert R.M.) zu begrenzen. Und wie bei der Wahlkampfkostenerstattung für Parteien sind auch Abstimmungskampfkosten substanziell zu erstatten. Dies ist bisher nur teilweise der Fall.
(...)

Wichtig ist außerdem, dass Volksbegehren und Volksentscheid keine seltenen Ereignisse sind wie in Großbritannien, sondern zur demokratischen Routine werden. Dann besteht auch keine Gefahr, dass die Bürger die Abstimmung dazu missbrauchen, 'denen da oben' zwischen den Wahlen eins auszuwischen. Denn die Bürger haben das ja nicht mehr nötig, weil sie sich durch Volksbegehren jederzeit in die Politik entscheidend einmischen können.

Eine direkte Demokratie, die mit dem Parlament eng verzahnt und streng rechtsstattlich ausgestaltet ist, sollte auch auf Bundes- und Europaebene eingeführt werden. So reguliert, kann sie von Rechtspopulisten nicht gekapert werden" (Heussner, 2017, 29-31)[33].

33 Hubert Kleinert (2012) meldet Zweifel an einer stärker direktdemokratischen Kultur an. Er weist u.a. darauf hin, dass viele Stimmbürger durch die Komplexität der abzustimmenden Fragen überfordert sein könnten, dass Entscheidungsprozesse sich verkomplizieren und verlängern, dass direktdemokratische Verfahren zum Vehikel gut organisierter Sonderinteressen werden könnten und ohne ein Quorum die Gefahr eines Übergewichts aktivistischer Minderheiten besteht. Und es muss

5.1.3. Bürgergesellschaft

Mit der Teilnahme an einem bürgerschaftlichen Engagement, wenn man sich freimachen kann von einer hemmungslosen Instrumentalisierung, entstehen Spielräume, häufig noch hierarchische Vorstellungen („Vorrang staatlicher Akteure") bei gesellschaftlichen Problemlösungen, aufzulockern.

Auch kann durch die Teilnahme an einer engagierten Bürgergesellschaft das Denken von mehr gesellschaftlicher Partizipation geweckt werden und dadurch eine Einflugschneise evtl. gefunden werden, wie Machtungleichgewichte abgebaut werden könnten, Bürgerbe-

---

ein Verfahren gefunden werden, damit das Plebiszit nicht in den Sog reinen Populismus gerät. Aber er sieht auch, dass ein Plebiszit der Entpolitisierung der politischen Berichterstattung gegensteuern könnte. Otmar Jung (2014) problematisiert hinsichtlich einer stärker direktdemokratischen Ergänzung des repräsentativ-demokratischen Systems eine wahrscheinlich notwendige föderale Aufgabenbereinigung großen Stils (vergl. S. 271f.). Wolfgang Merkel und Claudia Ritzi (2017b) machen in einer jüngst erarbeiteten Untersuchung auf folgende Aspekte aufmerksam. „Die Beteiligung sozial schwacher Milieus (...) bleibt bei Volksabstimmungen deutlich hinter ihrem Bevölkerungsanteil zurück" (S. 230). Aber direkte Demokratie kann „vor allem dann einen positiven Einfluss auf die Mobilisierung von ansonsten weitestgehend politikabstinenten Bevölkerungsgruppen haben, wenn die zur Abstimmung stehenden Sachfragen und Handlungsoptionen einfach zu durchdringen sind, eine unmittelbare Relevanz für viele Bürger haben und eine hohe mediale Aufmerksamkeit erzeugen" (S. 239). Wenn durch direktdemokratische Verfahren Interessengruppen, NGOs, Verbände und Wirtschaftsakteure die Möglichkeit bekommen, ihren politischen Einfluss zu stärken, dann gilt es zu bedenken: „Nicht alle Akteure, die sich politisch engagieren, sind gemeinwohlorientiert" (S. 233). Man muss daher bedenken, dass gut organisierte und finanzstarke Minderheiten Referendumsverläufe und -ergebnisse im Schatten mangelnder Bürgerbeteiligung „kapern" könnten (vergl. S. 241). Wenn die Quoren nicht gut genug durchdacht sind, dann könnten Volksabstimmungen zu Politikblockaden durch gut mobilisierungsfähige Minderheiten führen (vergl. S. 241). Erfahrungen mit direktdemokratischen Verfahren in anderen Ländern weisen tendenziell auf eine Schwäche hin, „stärker inklusive gemeinwohlorientierte Kompromisse" (S. 235) damit aushandeln zu können. Und man darf nicht dahin kommen wegen einer De-jure-Gleichheit die De-facto-Ungleichheit zu übersehen und dann das Problem zu negieren, dass es zu einer Übersetzung sozioökonomischer in politische Ungleichheit kommen kann (vergl. S. 236f.). Daher sind folgende Aspekte mindestens zu beachten. Damit direkte Demokratie demokratisch ist, müssen Verfassungsgerichte Minderheitenfragen prüfen (vergl. S. 242), es müssen per Volksentscheid getroffene Entscheidungen reversibel sein (vergl. S. 243) und es müssen die Rechte und Ressourcen zukünftiger Generationen berücksichtigt werden (vergl. S. 244).

teiligung an gesellschaftlichen Aufgaben partizipatorisch ausgeweitet werden könnte und letztlich dann auch die Demokratie weiterentwickelt werden könnte.

Eine engagierte kompetente Bürgergesellschaft kann den staatlichen Einrichtungen, Stellen und Institutionen immer mehr abverlangen und abfordern, in tatsächlich kooperativer Weise mit der Bürgergesellschaft umzugehen und für bürgerschaftliches Engagement dahingehend empfänglich zu sein, dass es kooperativ in die staatliche Planung einbezogen wird. Das wird nicht ohne gerechte rechtliche Rahmenbedingungen machbar sein.

Auch wird der Staat sich daran messen lassen müssen, wie wertschätzend er das bürgerschaftliche Engagement betrachtet, wie weit er durch die Gestaltung des Settings die Infrastruktur der Bürgergesellschaft aus der Lage befreit, ein Dasein am Rande des Existenzminimums zu fristen (vergl. Embacher, 2016, 266ff.).

5.1.4. Runde Tische[34]

Runde Tische werden stärker nachgefragt. Die Helga Breuninger Stiftung GmbH arbeitet an einer Weiterentwicklung, Begleitung und Multiplikation des Konzepts „Runder Tisch“. Im Internet ist zum Stellenwert der „Runden Tische“ nachzulesen: „Wenn Einigungen schwierig, die Sachlage unübersichtlich oder die unterschiedlichen Positionen unüberwindlich scheinen“, dann wird nach einem Runden Tisch gerufen. „Runde Tische sind geeignet, auch dort zu Konsens-Lösungen zu kommen, wo es um unterschiedliche Interessen geht, wo herkömmliche Verfahren kaum aussichtsreich sind oder überhaupt nicht weiterführen. Runde Tische sind einerseits geeignet gemeinsam neue Vorhaben voranzubringen, sie stellen aber auch eine Möglichkeit dar, zwi-

34 Diese runden Tische verdanken sich sehr stark dem Konzept einer deliberativen Demokratie nach Habermas (Jürgen Habermas: Drei normative Modelle der Demokratie. Zum Begriff der deliberativen Demokratie, S. 11-24 in: Herfried Münkler (Hg.): Die Chancen der Freiheit. Grundprobleme der Demokratie, München/ Zürich 1992; erneut abgedruckt in: Jürgen Habermas: Die Einbeziehung des Anderen, S. 277-292, Frankfurt/Main 1996; s.a. Martin Scheyli: Politische Öffentlichkeit und deliberative Demokratie nach Habermas. Institutionelle Gestaltung durch direktdemokratische Beteiligungsformen?, Baden-Baden 2000)

schen unterschiedliche(n R.M.) Interessen zum Ausgleich zu kommen. Für beides gibt es ausreichend viele Beispiele“[35].

Runde Tische werden definiert „als einen zielgerichteten und auf Konsens angelegten Prozess: (Absatz und Hervorhebung herausgenommen R.M.). In einem professionell moderierten Verfahren bemühen sich die Teilnehmer/innen, die nach Möglichkeit alle für das jeweilige Thema relevanten Interessen (zu R.M.) repräsentieren, gleichberechtigt und kooperativ ein für alle akzeptables Ergebnis zu erreichen. (Absatz herausgenommen R.M.) Runde Tische können in diesem Sinn sowohl zur Lösung von Konflikten, als auch zur Suche nach neuen Wegen und zur Projektentwicklung eingesetzt werden. Dabei sind Runde Tische nur dann sinnvoll, wenn eine offene Fragestellung vorliegt und alle Beteiligten bereit sind, über ihre Interessen zu verhandeln. (Absatz und Hervorhebung herausgenommen R.M.) Zum Konzept der Runden Tische gehört Transparenz (der Themen, Inhalte, Ergebnisse und des Verfahrens) nach innen und außen. (Absatz herausgenommen R.M.) Gesprächskreise, die sich auf Kontaktpflege und Informationsaustausch beschränken, (…) sind in diesem Sinne keine Runden Tische als Beteiligungsverfahren“[36].

Stimmen zu Erfahrungen mit Runden Tischen zeigen, dass „durch die vielfältige Zusammensetzung der Mitglieder (…) Themen angesprochen (wurden R.M.), an die man selbst nicht gedacht hatte“ (Andrea Schütt). Ohne einen Runden Tisch „hätte der Prozess nicht beginnen können, wären die Leute nicht zusammengekommen“ (Ingrid Bitter). Petra Bewer schätzt den „gleichberechtigten Dialog auf Konsensbasis und mit durchgängiger Transparenz“. Und Peter Jakobeit konstatiert zum Beispiel auch: „Die Ergebnisse, die am Runden Tisch erzielt werden, sind tragfähiger, weil sie eine Art von Konsens in sich tragen, der nicht nur auf Interessenausgleich gründet, sondern auch auf einem gemeinsamen Vorgehen“[37].

35 http://www.runde-tische.net/ abgerufen am 27.10.2017
36 http://www.runde-tische.net/runde-tische/konzept.html abgerufen am 27.10.2017
37 http://www.runde-tische.net/runde-tische.html abgerufen am 27.10.2017

5.1.5. Demonstrationen, Unterschriftensammlungen, Mailingaktionen und Guerillamarketing

Man darf sich nicht auf die Stimmabgabe bei Wahlen konzentrieren und dazwischen einen unpolitischen, hedonistischen Lebensstil pflegen. Damit entmachtet man sich selbst als Bürger. Es ist zu wenig, nur korrekt Steuern zahlender Bürger zu sein und sich im ehrenamtlichen Engagement einzubringen. Man muss hingegen auch Demonstrationen, Unterschriftensammlungen, Mailingaktionen und Guerillamarketing nutzen, um aktiv die Gesellschaftspolitik mitgestalten zu können. Dies gelingt am ehesten, wenn es nicht Dagegen-Initiativen, sondern auch Dafür-Aktionen sind (vergl. Giesa, 2011, 120ff., 127; s.a. Marg u.a., 2013). In einem Zusammenhang wird repräsentativ für einige Aktionen darauf hingewiesen, dass die Beteiligung der Kirche dazu beiträgt, dass diese gewaltlos, offen und gesellschaftlich weit ausgreifend sind (siehe in Marg u.a., 2013, 81).

5.2. Die Macht der Medien

Die Medienlandschaft ist zerklüftet. Da gibt es Medien, wie die „Bild"-Zeitung, die schon mal den Arbeitsminister verhören kann (vergl. Bussemer, 2011, 47) und Zeitschriften wie Publik-Forum, die eine NGO, wie ÄRZTE OHNE GRENZEN, mit einer Haltung mit Rückgrat vorstellen kann (vergl. Nr. 12/2016, 6). Die eine Zeitung fühlt sich als Vollstrecker des Volkswillens der Wutbürger, die andere will damit Solidarität mit der Solidaritätsarbeit von ÄRZTE OHNE GRENZEN mobilisieren. Hier zeigt sich Macht auf unterschiedlichem Niveau. Die eine Zeitung repräsentiert die „vierte Gewalt" (vergl. Bussemer, 2011, 48), die andere eine aktive Zivilgesellschaft, die sich als Anwalt für Andere versteht, um ihnen zu einer Stimme zu verhelfen.

Und es gibt Zeitungen, wie zum Beispiel die Frankfurt Allgemeine Zeitung, die Nachrichten schleusen, also sehr viel stärker darüber entscheiden, welche Nachrichten in die Berichterstattung Eingang finden dürfen und welche zu unterdrücken sind und damit den Meinungsbildungsprozess sehr stark kanalisieren. Dann gibt es aber auch Zeitungen, wie die „taz", die viele Berichte „vom Rande her" bringen und so das Aufmerksamkeitsschema irritieren resp. korrigieren und damit in Ansätzen einen Beitrag dazu leisten, auch den Nicht-Personen der Geschichte mehr Beachtung zu schenken.

Gar manche Zeitung gefällt sich in der Rolle, dass sie eine Medienpräsenz sicherstellt und dadurch Anteil an der Machtprämie erhält (siehe hier Sarcinelli, 2012, 277). Gar manche Zeitung ist sich gewiss, dass sie die maßgebliche Politikdarstellungsplattform für politische Führungseliten ist und nötigt daher diese auch zuweilen dazu, darauf zurückzugreifen.

Es gibt ein „Alphasyndrom“ im Berliner Hauptstadtjournalismus. Die SZ bezeichnet Berlin-Mitte als „Pfauen-Insel“ und als einen Ort „extrovertierten Imponiergehabes“. Andere sprechen von einer „Republik der Wichtigtuer“ (vergl. Sarcinelli, 2012, 286). Informationen und Nachrichten sind daher oft ein bemerkenswertes Outfit, um auf dem Ball der Eitelkeiten Beachtung zu finden.

Über Armut lässt sich anschaulich berichten; das machen die diversen Straßenmagazine deutlich. Aber dagegen gibt es Zeitungen, wie die „Bild“-Zeitung, die Sozialbetrug medial inszenieren. Die Macht dieser medial inszenierten Bilder ist ungleich größer und setzt sich leichter in den Köpfen fest. Aber es gibt auch die Gemeindevertreter bzw. Stadtverordnete, die informiert durch die Straßenmagazine, Politik gestalten.

Die Sehnsucht nach spektakulären Neuigkeiten ist auch an der Berichterstattung der Süddeutschen Zeitung oder „Der Zeit“ abzulesen. Konsistenz ist hingegen in so Magazinen wie „oya“ zu finden – dadurch baut sich viel eher Substanz für eine umfassendere politische Reformbewegung auf, allerdings zunächst in gesellschaftlichen Inseln.

Während die Medien (Zeitungen) sich darin gefallen, den „demografischen Wandel“ zu inszenieren und damit eine Steilvorlage für die private Alters-Zusatzversorgung zu liefern, so enttarnt hingegen der Entschuldungskurier #18 vom August 2017 von „erlassjahr.de“ schon „G20 Compact with Africa“ als verdecktes Geldbeschaffungsinstrument, damit Allianz & Co. Renditen erzielen können, um ihre Verpflichtungen aus Riesterrente usw. nachkommen zu können (vergl. S. 6).

Diese Impressionen machen deutlich, dass es eine (dominierende) Zeitungslandschaft gibt, die überwiegend im Geist der neoliberalen

Wende, publiziert (s.a. Bussemer, 2011, 140ff.). Sie ist mächtig und bestimmt das Meinungsklima und den politischen Diskurs. Und daneben gibt es Zeitungen/Zeitschriften mit bescheidener Reichweite, die Nährstoff für Solidaritätsbewegungen liefern. Sie erreichen bei weitem nicht die Masse der Bevölkerung.

Im Gegensatz zu einer in der seriösen Presse immer häufiger zu findenden personalisierten, rein an der Machtarithmetik orientierten Berichterstattung, findet sich hingegen in Zeitschriften/Zeitungen wie „Publik Forum", „oya", „Junge Kirche", „**zeit**zeichen", „graswurzelrevolution", „der Freitag" mehr Berichte, die Fachthemen erklären, Argumente austauschen und Inhalte vertiefen. Dadurch werden eher Voraussetzungen für einen gesellschaftlichen Wandel geschaffen, als nur ein „Gestrampel" in der Machtkonkurrenz erzeugt.

ÄRZTE OHNE GRENZEN mit ihrer Meinung zu Generika, Greenpeace mit Hinweisen zu Radfahrerfreundlichen Entwicklungen in einigen Städten, der Internationale Versöhnungsbund mit Versöhnungsargumenten hinsichtlich der Nahostproblematik usw. haben kaum „Nachrichtenwert", weil für sie von den Agenturen kein „Gesprächswert" ausgemacht werden kann.

Überhaupt hat es die Zivilgesellschaft schwer in den großen Zeitungen auf die Titelseiten zu gelangen, weil sie nicht geeignet sind, einen Lifestyle abzudecken, nicht dazu bereit sind Sachthemen auf eine Homestory herunter zu brechen, sich mit ihrer Thematisierung von Problemen und Fragen nicht auf einen Erregungsstrom einlässt, sich der Konzentrierung des Themas auf zitierfähige Zitate weitestgehend verweigert und nicht immer dem medial inszenierten Handlungsdruck hinsichtlich einer Meldung folgt. In der Zivilgesellschaft, aber auch in der dem religionslosen Christentum oder in der Kirche (incl. synodaler Strukturen) wird häufig der gute Diskurs gepflegt – den medial darzustellen verweigern sich sehr häufig die etablierten Medien.

Damit werden wertvolle ethische Impulse, großgesellschaftlich betrachtet, ausgeblendet resp. nivelliert. Sie verbleiben in gesellschaftlichen Inseln bzw. durchsäuern nur sehr langsam die Gesellschaft, so langsam, dass Optionen nur dann gegenüber dem Mainstream bewahrt und aufrecht erhalten werden können, wenn sie mit einer starken Hoffnung verknüpft sind.

Es gibt nicht wenige Medien, die von sich behaupten „die Moral auf ihrer Seite" (vergl. Sarcinelli, 2012, 291) zu haben. Sie üben damit einen gewissen Druck auf die Gesellschaft aus, gelesen und wahrgenommen werden (zu müssen). Aber es ist ein Unterschied, ob aus einer Selbstbezogenheit heraus dieses von sich behauptet wird und man sich als die entscheidende „Bühne" der Moralfindung vermarktet, oder ob man wie bei der Zeitschrift „**zeit**zeichen" manchmal deutlich macht, dass man keine glatte moralische Orientierung liefern kann.

Daneben ist ein durchschnittlicher täglicher Fernsehkonsum der Deutschen von im Schnitt 220 Minuten täglich zu konstatieren (Bussemer, 2011, 61) – häufig in dem Segment Show, Entertainment und Spiele, wozu auch Talkshows mittlerweile häufig zu zählen sind. Dadurch gehen den Menschen Zeit für „Diskurs" und „eigenes Erleben" verloren. Es prägen die Menschen „mediale Bilder" und gewinnen Macht über die Köpfe. Prägnante Positionierung, skandalisierte Thematisierung ersetzen zunehmend die Bereitschaft, sich auf eine komplizierte Sachabwägung einzulassen. Selbst Arbeitslose, die regelmäßig N24 sehen, wählen dann schließlich doch die AfD, um den Mächtigen einen Denkzettel zu verpassen.

Konfettiartige Medieninformation (Television im Supermarkt, am Bahnhof, im Bus oder am Postschalter) zersetzen das Interesse sich in Bezug auf ein Thema einen Gesamtüberblick zu verschaffen – z.B. durch die Lektüre mehrerer Zeitungen/Zeitschriften. Die Information kommt wie ein „Snack" daher, wenn ein kleiner Hunger im Alltag von einem Besitz ergreift. Aber der eigentliche Hunger, nämlich nach einem grundlegenden informiert-Sein wird dadurch nicht gestillt. Durch diese Art der Medienkultur kommt es zu einer Entkoppelung von politischer Diskussion sowie bürgerschaftlichen Engagement und Informationsvermittlung. Wer auf diese Weise die Medien nutzt, findet immer weniger Zugang zum politischen Diskurs und zur Partizipation an der Zivilgesellschaft.

Medien, die Information nur noch als Ware für Einschaltquoten, als Konsumprodukt betrachten, bringen die Menschen um die Chance, an gesellschaftlichen Gestaltungsprozessen wirklich zu partizipieren, weil sie immer weniger wissen, worum es in der Gesellschaft geht. Der Mediennutzer ist Medienkonsument und hierbei konkurrieren die Medien um den Konsumenten als solchen, der zwischen dem Besuch eines Freizeitparks, dem Flanieren in der Einkaufsstraße oder dem Sitzen vor dem Fernsehen sich entscheidet. Es wird darum gerungen, Macht über die Zeit und die Aufmerksamkeit des Konsumenten zu gewinnen. Demgegenüber ist die Macht eines ehrenamtlichen Arbeitskreises, der Deutschkurse für Flüchtlinge gibt, einer Kulturwerkstatt, eine Zeitungsgruppe für Obdachlose usw. relativ schwach, weil hier ganz andere „Bedürfnisse" gestillt werden. Legen (Intensiv-)Fernsehnutzer z.B. unterbewusste Ängste und Unsicherheiten still, so sind vor allem diejenigen zum bürgerschaftlichen Engagement fähig, die ein Grundvertrauen haben, gute Erfahrungen (Flow) mit sinnerfüllter Tätigkeit haben und zwischenmenschliche Nähe gut ertragen können. (Intensives) Fernsehen hat die Macht schneller/unmittelbarer die Erfahrung der Angstbewältigung zu vermitteln. Es ist wie ein schnell eingeworfenes Aspirin im Gegensatz zu einem 2stündigen Spaziergang an der frischen Luft. Dafür ist es aber nicht so nachhaltig.

Wenn man die Informationen, die in einem Versöhnungsbund-internen Internet-Netzwerk ausgetauscht werden, mit der „friedenspolitischen" Berichterstattung „seriöser" Medien vergleicht, dann fällt auf, dass die Akteure der Friedensbewegung keine Chance haben, bei der derzeitigen Medienkonstellation mit „neuen" Sachargumenten durchzudringen. Es besteht eine gewisse Ohnmacht. Auch die im Internet verfügbaren Informationen zu Weltsozialforen versickern auf dem Weg zur Berichterstattung „seriöser" Medien. Es wird so in der Öffentlichkeit wenig bis kaum deutlich, dass es „tausend Alternativen" gibt, ganz entgegen einer (herrschenden) politischen Praxis, die doch sehr häufig davon spricht, dass eingeschlagene Wege, getroffene Entscheidungen, eingegangene Bündnisse „alternativlos" seien. Es wird dadurch weniger Handlungsspielraum suggeriert, als er tatsächlich bestehen könnte. Die Medien vermitteln dadurch eine Politik, die indirekt das Volk entmündigt und von der Partizipation am politischen Handeln fernhält. Die Medien wollen nicht wissen um die „tausend Alternativen". Das würde die Berichterstattung komplizierter machen und die gefundene Machtbalance zwischen Medien und Politik aushebeln.

Mit den ethischen Impulsen von Kontrastgesellschaften, Zivilgesellschaft, religionslosem Christentum und Kirche ist eine andere Zeitkultur verknüpft, als die, die sich in der Medienlandschaft findet, so das zu Thematisierende häufig nicht verzahnbar mit dem Medienbetrieb ist. Auch passte die Propagierung der beständigen Umwälzung der Gesellschaft im Zuge der neoliberalen Wende in der Medienkultur nicht mit den anti-neoliberalen Positionierungen aus Kontrastgesellschaften, Zivilgesellschaft, religionslosem Christentum und Kirche zusammen, so dass deren Statements in der Medienberichterstattung ausgeblendet oder in das Kleingedruckte abgedrängt wurden. Uns so konkurrierten bei der Verbreitung neuer Meinungen „online-Berichterstattung" mit andererseits „aktivierten Brieftauben" oder „Buschtrommeln". Es wurde zuweilen auf zwei ganz unterschiedlichen Ebenen Meinung weitergetragen – es gab die Wasseroberfläche und dann eine Unterströmung, die Flugzettel, Kirchencafés, Akademieangebote usw. besorgten.

5.3. Von der Mundpropaganda auf der Straße zur digitalen Mundpropaganda

Mundpropaganda hat einen hohen Stellenwert in der Gesellschaft. Man vertraut der Analyse, Deutung und dem ethischen Argument einer persönlich bekannten Vertrauensperson mehr als den Informationen, Mitteilungen von anonymen Personen. Wenn man jemanden ins Gesicht schauen kann, dann erhöht das die Bereitschaft einer These, einem Argument etc. zu zustimmen. Kann jemand von persönlichen Erlebnissen mit einem Projekt berichten, dann ist die Unterstützung mit einer Spende wahrscheinlicher als bei einem Werbebrief im Briefkasten.

In Zeiten von Social Media ergibt sich für die Mundpropaganda nun eine ganz neue Dimension. Social-Media-Kanäle unterstützen die digitale Mundpropaganda und erhöhen so die Reichweite ethischer Argumente. Auch die Haltbarkeit des Mitgeteilten nimmt zu. Noch Jahre später sind einmal veröffentlichte Inhalte durch die Suchmaschinen an die Oberfläche holbar.

Dabei muss man wissen, dass Negatives intensiver kommuniziert wird als positive Bewertungen, Einschätzungen und Zustimmungen. Das ist für die ethische Mundpropaganda bedeutsam. Will man ein gutes Engagement fördern, eine solidarische Initiative unterstützen, wertvolle Informationen stabilisieren, dann sind diese aktiv in Social

Media einzufüttern – und das mehrfach vernetzt. Das wurde zum Beispiel bei der Flüchtlingssolidarität bei dem großen Flüchtlingsstrom am Flensburger Bahnhof betrieben.

Individuen werden durch Social Media mächtiger. Im Unterschied zur Mundpropaganda auf der Straße können Individuen durch Social Media sehr viel mehr steuernd Einfluss auf Meinung, Verantwortungsübernahme und politische Entschiedenheit nehmen. Wenn die Individuen an der digitalen Mundpropaganda dran bleiben, können sie eine Bewegung initiieren und ein Engagement lostreten.

Mit Blick auf die Bedeutung der Mundpropaganda sollten Mitglieder der sozialen Bewegungen, der Kontrastgesellschaften usw. sich nicht abkapseln, sondern Kontakt suchen, Meinung verbreiten und sich aktiv in den digitalen Informationsfluss einmischen.

Mundpropaganda hatte schon immer zu bemerkenswerten Protestbewegungen beigetragen (vergl. ein Beispiel in: Giesa, 2011, 135). Die Friedensbewegung der 80er Jahre war auch deswegen so erfolgreich, weil viel Mundpropaganda stattfand. Die Frauenbewegung kam erst richtig auf die Beine, weil Mundpropaganda dazukam. Und heute? Solidarisches Gärtnern, solidarisches Wohnen, CarSharing, Tauschbörsen usw. verdanken ihren Erfolg in einem nicht unerheblichen Umfang durch eine Mundpropaganda. Aber auch: die digitale Mundpropaganda trug zum Wahlerfolg der AfD bei. Hier wird eine neue „Mächtigkeit" deutlich.

Will man ethische Projekte weiterbringen, dann soll man ruhig Werbung unter Freunden, Nachbarn, Bekannten und Kollegen machen. Hierbei muss man schon überzeugt sein und sich der wertenden Meinungsäußerung nicht schämen. Wenn man gute Gründe hat, dann sind die ruhig öffentlich zu vertreten. Ethische Erfolgsgeschichten soll man ruhig weitererzählen – auch auf Twitter[38].

---

38 Die wertschätzende Bezugnahme auf Twitter erfolgt, obwohl Kathrin Passig und Sascha Lobo kritisch fragen, ob man gegen einen Völkermord twittern kann. Sie erwägen, dass man unmoralisches Handeln durch Twitter, auch „geschmeidiger organisieren" (vergl. dies., 2012, 161; s.a. 163f.) kann. Und es ist nicht ausgemacht, so diese zwei, dass der arabische Frühling entscheidend erst durch Facebook und Twitter richtig möglich wurde (vergl. S. 164). Aber indirekt sehen beide in bedingten Grenzen und wenn Transparenz gewährleistet ist, so deute ich ihre Ausführungen auf den Seiten 174f., dass die „Twittergemeinde" einen Machtausgleich gegen die bisherigen Lobbystrukturen schaffen kann. „Wer zum Beispiel hunderttausend

5.4. Die andere Art der Mächtigkeit – Sauerteig sein (Mt 13,33)

Wenn vom Sauerteig die Rede ist, dann wird die subversive Kraft des Christentums angesprochen. Hier wird der Status quo als nicht akzeptabel betrachtet. Es ist ein Kennzeichen des Christentums, dass es auch wie Sauerteig ist. Es kann Sauerteig sein, wenn die Christen sich verwandeln lassen – ein neues Herz und einen neuen Geist bekommen. Wenn Christen wie Sauerteig arbeiten, dann unbemerkt und unkenntlich im Stillen. Ein Christentum, das Sauerteig ist, geht so im Stillen auf und entfaltet so seine wahre Kraft und Stärke. Vielleicht wäre die Welt ärmer und kälter, wenn es das Christentum nicht gäbe. Damit das Christentum Sauerteig sein kann gehört ein Sterblich-Handeln zum Christentum, gewissermaßen auch so etwas wie-ein-sich-selbst-Aufgeben resp. sich-Verlieren. Hierbei sind die Christen dann sehr aktiv, im grenzenlosen Vertrauen auf den liebenden Gott (vergl. Scholl, 2014). Indem Christen am Fairen Handel zum Beispiel teilnehmen können sie „Sauerteig sein, der den ganzen Teig des Welthandels langsam durchdringt" (Emunds, 2009, 8). Religionsloses Christentum (vergl. Bonhoeffer) hat eine Neigung, subversiv zu sein, still zu handeln, sich-selbst-aufzugeben und sich-zu-verlieren.

5.5. Epilog

Mut kann man erproben und lernen. Und dann kommt auch ganz automatisch die Macht dazu. Wer in der Kindheit/Jugend erste Erfahrungen mit Protest machte und diese kultivierte, wird im späteren Alter auch ein/e Aktive/r sein (vergl. Brodde, 2010, 147ff., besonders 153f.). Eltern und Lehrer können dazu beitragen, damit Kinder und Jugendliche lernen gemeinwohlorientiert sich einzumischen. Und es wäre von daher von großer Bedeutung, wenn immer mehr Kinderparlamente entstehen würden.

Follower auf Twitter hat, kann schnell viele Mitdiskutanten mobilisieren, Abstimmungen manipulieren, eine Meinungsfront inszenieren" (dies., 175; s.a. 176). Zu Twitter vergl. auch Giesa, 2011, 136f.; s.a. 139f.

6. Demokratinnen und Demokraten von morgen...

Es gibt einige Umbrüche beim Denken und Praktizieren von Demokratie. So erhält zum Beispiel die Bedeutung des informiert- und aufgeklärt-Seins angesichts des Internets und den Algorithmen eine neue Bedeutung. Auch die Partizipationsmöglichkeiten verschiedener Milieus und „Schichten" an der Politik werden diskutiert. Und die Bedeutung der Zivilgesellschaft als Ort der Einübung der demokratischen Kultur wird erst so richtig entdeckt.

Brigitte Geißel (2011) zählt zu den demokratieförderlichen Orientierungen der Bürgerinnen und Bürger unter anderem politische Informiertheit (vergl. S. 100, 101, 105; s.a. 116f. und 125), die Fähigkeit zur Toleranz (vergl. S. 102, 103; s.a. S. 108 und 126f.), Kooperations- und Kommunikationsfähigkeit (vergl. S. 102), das Eintreten für inklusive Willens- und Entscheidungsfindung (vergl. S. 102), eine partizipative Orientierung (vergl. S. 103), das Einnehmen einer kritischen Bürgerrolle ohne dabei „staatshörig" zu sein (vergl. S. 106f.) und eine Kompetenz, die Politik zu verstehen.

Man kann sich also Gedanken machen, was Demokratinnen und Demokraten von morgen auszeichnen dürfte. Diese ...

– **sind gebildet, informiert und aufgeklärt**;
  Wer im Internet über Suchmaschinen sich informiert und bildet muss mit den Algorithmen umgehen lernen. Durch das beständige Variieren der Anfragen bzw. das „Einbetten" von Begriffen in Satz- und Adjektivkonstruktionen stößt man auf sehr unterschiedliche Hinweise zum Thema. Auch ist es von Bedeutung, wenn man auf den Rechner anderer Personen wechselt. Durch die subjektiv verschiedenartige Suchkultur führen bei völlig gleichen Suchinputs die Suchmaschinen einen auf dem jeweils anderen Rechner zu anderen Informationen. Das Internet kann einer guten Information und Bil-

dung nur dann dienen, wenn man aufgeklärt durch flankierte Informationen über Bücher und Printmedien zusätzlich in die Lage versetzt wird die Qualität der im Internet über die Suchmaschinen präsentierten Informationen zu bewerten. Man kann dann auch widerständig gegen die durch die Algorithmen aufgeschlagenen Informationspfade sein. Da der eigene Kopf (in Verbindung mit je wechselnden Gefühlen) zu einer Pfadabhängigkeit bei der Informationsverarbeitung durch Framing bei der Informationsübermittlung neigen kann, sollte man immer mal wieder schöpferische Pausen bei der Informationsbeschaffung über das Internet einlegen, damit man nicht in den Sog von in bestimmter Weise sprachlich aufbereiteter Informationen gerät. Gespräche und Dialoge face-to-face haben hierbei eine bedeutsame bildende Funktion, wenn man die schöpferischen Pausen mit Leben füllen will. Diskussionsforen im Internet, z.B. von der Diakonie, der Aktion Mensch oder vom Versöhnungsbund, tragen dazu bei, dass weit entfernt von „hate speech" sich eine aufgeklärte und gut informierte Meinung bilden kann.

- **leben eine gewaltfreie, mutige und respektvolle Demonstrationskultur;**

- **sind aktive Wähler (bis in die Kommunalwahl hinein);**
  Durch die Kommunalwahl wird entschieden, was in den Ausbau von Kitas und Schulen investiert wird, was in den Bereichen Kultur, Sport und Vereinstätigkeit für ein Engagement von der Kommune ausgeht und anderes mehr. Deswegen ist die niedrige Wahlbeteiligung bei der letzten Kommunalwahl in Schleswig-Holstein aus demokratischer Perspektive so beunruhigend – nämlich 47,1 Prozent. In Norderstedt wählten gerade einmal 33 Prozent, in Flensburg 35,2 Prozent und in Neumünster 35, 1 Prozent, wobei dort der soziale Brennpunkt Vicelinviertel (vergl. Prose/Thürer, 1992/2008) mit 18,9 Prozent Wahlbeteiligung hervorsticht (vergl. NDR.de 6.5.2018, 23:20 Uhr; shz.de 7.5. 2018 und 8.5.2018). Und so zeigt sich, dass die Demokraten und Demokratinnen von morgen auch die Kommunalwahl für sich (wieder) entdecken müssten.

- **nehmen teil an Unterschriftenaktionen zugunsten von Initiativen für die Menschenrechte, für den Frieden, für weltweite Gerechtigkeit, gegen Unterdrückung, für den Tier- und Umweltschutz usw.;**

- **begleiten konstruktiv die repräsentative Demokratie,**
  indem sie zum Beispiel die durch „männliche" Eigenschaften wie Rationalität, Vernünftigkeit und deliberative Diskussion bestimmte repräsentative Demokratie um die „affektive Dimension" ergänzen. Man darf gegen die „affektive Dimension" nicht leichtfertig das Argument der Manipulierbarkeit ins Feld führen. Wenn es brodelt und etwas in Unordnung gerät, dann liegen hier auch triftige Argumente vor. Überschießende Gefühle in einer Demonstration dürfen nicht als Gefahr für die Demokratie betrachtet werden. Aber ein Spiel mit den Affekten und Emotionen über eine Angst- und Unsicherheitsrhetorik, wie beim Rechtspopulismus, ist demokratieschädlich. Und dennoch, die demokratische Bewegungsgesellschaft sollte die politischen *professionals* darauf aufmerksam machen, dass in gewissem Umfang Angst- und Verlustgefühle in der Bevölkerung Ausdruck von Sorgen und Nöten infolge eines gesunden Realismus über ungünstige gesellschaftliche Veränderungen infolge politischer Entscheidungen sind. Und es gibt vor dem Hintergrund des Menschenrechtsgedanken und Gerechtigkeitsvorstellungen eine berechtigte Empörung, die präsentische Formen des demokratischen Engagements rechtfertigt (vergl. Gebhardt, 2018).

- **stimmen gerecht und solidarisch mit dem Warenkorb ab;**

- **zeigen ein nicht korrumpiertes Verhalten (d.h. streben eine gerechte Politik an, statt auf Wahlversprechen zu schielen; verweigern sich der Klientelpolitik und sehen die Wohlstandspolitik kritisch);**

- **kooperieren nicht mit (harter) Top-Down-Kultur/Praxis, weil diese zu Machtmissbrauch und struktureller Gewalt beitragen kann;**

Top-Down-Kultur/Praxis neigt zu einem Handeln aus einer überhöhten (bzw. überschätzten) Durchsetzungsmacht, übersieht dabei die Relevanz von Kooperation und Mediation und führt dann zu latent gewaltsamen Taten bzw. zu Taten, die der Demokratie schaden.
Institutionen, die eine Top-Down-Kultur sehr stark praktizieren, höhlen das Bewusstsein um ein Handeln entlang demokratischer Grundsätze aus, was wiederum dazu führt, dass dann die Menschen eher eine Neigung entwickeln, „auf Befehl" zu handeln was dann wiederum rücksichtslose und gewaltsame Taten möglicher macht.

– **sind mehr Gewissensmensch im Parlamentarismus**;
Der Gewissensmensch bringt Unruhe in die parlamentarischen Beratungen. Er opfert seine Meinung nicht leichtfertig den Parteipräferenzen. Und er inszeniert keinen Diskurs, sondern argumentiert mit einer gewissen Leidenschaft und nachdenklich machend. Bei jeder sich bietenden Gelegenheit hält er die Bedeutung der Menschenwürde und der Menschenrechte bei seinen Beiträgen im Parlament wach. Bei Abstimmungen unterwirft er sich so wenig wie möglich dem Fraktionszwang.

– **sind nicht nur diskursfähig, sondern auch leidsensibel**;
Am Beispiel des Umgangs mit Flüchtlingen in Deutschland wird eine geringe Leidsensibilität politisch verantwortlicher Demokraten sichtbar (vergl. Mierzwa, 2017, 259-267), die in einem globalen Zusammenhang mit der „westlichen" Welt steht (vergl. Georg Rammer, 2018 in: https://www.lebenshaus-alb.de/magazin/011634.html). Aber auch im Umgang mit (Langzeit-)Arbeitslosen, das macht das Hartz-IV-Regime deutlich, wird ebenfalls wenig Sensibilität mit dem Leid der Betroffenen erkennbar (vergl. Mierzwa, 2018, 1-22). Das führt zu Gewalt, wie die Wandlung von gar manchem Flüchtling zum „Gefährder" zeigt oder die Wut- und Aggressionsdurchbrüche bei Arbeitslosen zeigen. Demokraten/-innen der Zukunft gehen hingegen leidsensibel mit diesem Leid um und

unterstützen dadurch eine stärker wertschätzende Sympathie von Flüchtlingen und Arbeitslosen für die Demokratie.

– **unterstützen eine Transparenzkultur**;
Die Demokraten/-innen der Zukunft engagieren sich in geschützten Räumen der Beratung, Konsultation und des offenen Meinungsaustausches. Dabei wird sichergestellt, dass die Äußerungen bei der Dokumentation des Austausches nicht namentlich wiedergegeben werden (vergl. hier Umweltforschungsplan des Bundesministeriums für Umwelt, Naturschutz und Reaktorsicherheit, 2013[39]).
Demokraten/-innen der Zukunft kooperieren nur mit Stiftungen, die transparent sind. Das ist häufig bei unternehmensnahen Stiftungen nicht gegeben, zeigt ein Papier des Wissenschaftszentrum Berlin für Sozialforschung auf (vergl. Berliner Morgenpost 4.1.2017).

– **unterstützen ein Empowermentengagement bei Stummen/ Schweigenden, Armen, Frauen und Kindern;**
Die Qualität demokratischen Zusammenlebens in einer Gesellschaft zeigt sich „nicht an Ethikdebatten, in Feuilletons meinungsbildender Printmedien oder in Talkshows, sondern am Umgang mit schwachen Gruppen“ (Heitmeyer, 2005, 13). Beispiele zivilgesellschaftlichen Engagements in Ostdeutschland weisen auf einen Weg in diese bedeutungsvolle Richtung (Amadeu Antonio Stiftung, 2005, 28ff.). Birgit Sauer und Stefanie Wöhl (2012) weisen auf die Notwendigkeit von öffentlichen Räumen hin, in denen „Fraueninteressen“ diskutiert werden können. Sie formulieren die Idee einer „Frauenkonferenz“. Zum Empowerment von Frauen gehört auch, diese mit Zeit und ökonomischen Ressourcen auszustatten, damit

39 Bericht des Projektes DELIKAT – Fachdialoge Deliberative Demokratie: Analyse Partizipativer Verfahren für den Transformationsprozess, 201 Seiten, Dessau-Roßlau November 2013 in: https://www.bmu.de/fileadmin/Daten_BMU/Pools/Forschungsdatenbank/fkz_3712_11_101_projekt_delikat_bericht_bf.pdf abgerufen am 10.7.18

diese politisch „Selbstbestimmung“ leben können – hier wird man an einem gerechten Teilen von Arbeit nicht vorbeikommen (vergl. S. 358f.).

- **schätzen eine Kultur der Langsamkeit, damit Raum für Beratung und gründliche Entscheidungsprozesse besteht;**
  Katharina Gerl M.A., wissenschaftliche Mitarbeiterin am Institut für Sozialwissenschaften der Heinrich-Heine-Universität Düsseldorf wies auf der Frühjahrstagung des Politischen Clubs in der Evangelischen Akademie Tutzing (März 2017) darauf hin, dass die hohe Geschwindigkeit und Dynamik der Kommunikation im Internet eine Gefahr für die Demokratie ist. Demokratie braucht Zeit und die lässt das Internet der Demokratie nicht (vergl. https://www.ev-akademie-tutzing.de/wp-content/uploads/2017/04/Frühjahrstagung-Pol-Club-2017.pdf abgerufen am 21.7.18).

- **engagieren sich in beteiligungsoffenen Vereinen, Verbänden und der Zivilgesellschaft (und werden dadurch stärker zu guten Demokraten sozialisiert);**
  Eine „Zivilgesellschaft“, die Partikularinteressen durchsetzen will und das Gemeinwohl aus den Augen verliert, kann nicht „die“ Zivilgesellschaft sein, die ich meine, die ich bezüglich der Demokraten/-innen von morgen im Blick habe.
  Auch „eine Zivilgesellschaft“, die einen machtvollen „strukturellen“ Hebel ansetzen will und wenig dialogisch sich in die Politik einbringt, kann hier nicht so sehr gemeint sein.
  Und auch „diese Zivilgesellschaft“, die keinen Sinn für die Armen, Schwachen und Benachteiligten hat, sondern ideologisch und kompromisslos die Lufthoheit für ganz spezielle Ansichten anstrebt, ist hier nicht im Blick.
  Eine Zivilgesellschaft, die das pluralistische Nebeneinander verschiedener Interessenartikulationen zulassen kann ist allerdings viel eher im Blick. Auch ist diese Zivilgesellschaft eher wertzuschätzen, die auf demokratische Integration und nicht auf Exklusion setzt (vergl. hier Anselm, 2015, 250).

Das Engagement in der Zivilgesellschaft ist eher bei den Christen zu entdecken, die nicht für sich das Bild aus der Bibel für Christen bzw. Menschen adaptieren, wo von Schafen einer Herde mit einem Hirten gesprochen wird[40].

---

40 In der Lutherbibel lesen wir bei Matthäus: „Und als er das Volk sah, jammerte es ihn; denn sie waren verschmachtet und zerstreut wie die Schafe, die keinen Hirten haben" (Kap. 9,36). Und unter dem Kap 26,31 in demselben Evangelium kann man lesen: „Da sprach Jesus zu ihnen: In dieser Nacht werdet ihr alle Ärgernis nehmen an mir. Denn es steht geschrieben (Sacharja 13,7): ‚Ich werde den Hirten schlagen, und die Schafe der Herde werden sich zerstreuen'". Schließlich ist bei Johannes noch zu lesen: „Der aber zur Tür hineingeht, der ist der Hirte der Schafe. Dem macht der Türhüter auf, und die Schafe hören seine Stimme; und er ruft seine Schafe mit Namen und führt sie hinaus" (Joh 10, 2-3). Dieses wiederholte Bild in der Bibel mit Schafen für Menschen, sprich Christen ist etwas schräg, wenn nicht sogar irreführend. Haben Menschen keinen Orientierungssinn, wie es bei Schafen der Fall ist? Finden Menschen, wenn sie mal von dem Weg abgekommen sind, nicht mehr zur menschlichen Gemeinschaft, sprich der Herde, zurück? Brauchen sie dann immer einen Hirten, sprich Priester oder ähnliche Personen? Und können sich Menschen nicht gegen zerstörerische, böse, dämonische und übergriffige Menschen schützen und bleiben sie immer nur vor Angst erstarrt vor der Gefahr stehen und laufen sie wie wild durcheinander? Und kann ein Mensch nicht gutes Gras (sprich gute Nahrung, auch im symbolischen und übertragenen Sinne) von schlechtem Gras (sprich minderwertiger Nahrung) unterscheiden? Das Bild des Schafes ist in meinen Augen ein unbrauchbares Bild, weil man dann über Menschen und Christen so redet, damit man dahinkommt, ein Argument dafür zu haben, Priester als Hirten, Bischöfe als Hirten und eine top-down-Kultur zu rechtfertigen. Zivilgesellschaftliches Engagement und ein Handeln mit Eigen-Sinn kommt dabei nicht so sehr in den Blick. Wenn man mit diesem Bild des Christen oder des einfachen Menschen als Schaf schwanger geht, dann verführt das hingegen dazu, dass man dazu kommt, zu meinen, dass es eine heilige Rangordnung gibt, wo Priester, „Führer" und Bischöfe das letzte Wort haben. Man wird dann nicht in der Lage sein die Vorstellung vom „Priestertum aller" konsequent vertieft weiterzudenken und dabei das selber-Denken zu fördern. Harald Welzer veröffentlichte das Buch „Selbst denken. Anleitung zum Widerstand". Hier vertritt er die Meinung, dass jeder und jede in der Lage ist, selbst zu überlegen, wie wir in Zukunft leben wollen. Er argumentiert gegen eine Erstarrung des Denkens und für das Experimentieren mit neuen Lebensentwürfen. Deswegen lobt er auch das Buch von Christian Felber zur Gemeinwohl-Ökonomie. Der Diskurs in der Zivilgesellschaft brachte dieses Konzept voran. Welzer sieht, dass der immerwährende Medienkonsum uns daran hindert, selbst zu denken und selbst zu handeln. Eine top-down-Kultur mit einem Lehramt oder einer Richtlinienkompetenz kann auch dazu führen, dass man nicht mehr selbst denkt, nicht mehr Neues wagt und auch nicht bereit ist auch mal Labors für die Zukunft der Gesellschaft oder die Zukunft der Kirche zu gestalten, in der wir gut, gerecht, glücklich und demokratisch miteinander leben könnten. Es gilt zu vergessen, dass die Menschen/Christen Schafe sind. Wir

- **sind eigen-sinnig und inklusiv;**

- **wissen sich der Wahrheit verpflichtet;**
Wilfried Härle wies darauf hin, dass das rechte Wort das wahrheitsgemäße, das wahrhaftige, das aufrichtige, das ehrliche Wort ist. Und er weist weiter darauf hin, dass ein so gesprochenes Wort Orientierung gibt und echte und lebensdienliche Beziehungen zwischen den Menschen schafft. Und er ergänzt noch: „Nur das wahrhaftige Wort lässt Zukunft planen und gestalten" (2011, 436). Wahrheit und Unwahrheit sind eine Klammer resp. ein Vorzeichen vor allem Sprechen und dann auch Tun, von woher sich ein guter Weg entscheidet. Wenn demokratische Menschen im guten sokratischen Sinne sich manchmal eingestehen, dass sie Nicht-Wissende sind, dann leisten sie einen wertvollen Beitrag zur Wahrheitssuche und dann evtl. auch zu richtig gut entschiedenen politischen Wegen zur Gestaltung der Gesellschaft. Demokratische Menschen gestehen sich auch ein, dass sie sich möglicherweise im Irrtum befinden können und halten so den Prozess zur Wahrheitssuche oder zum richtigen Weg offen. Aber zu einem demokratischen Menschen gehört es nicht zu lügen, zu täuschen oder der Lüge den Schein der Wahrheit zu geben. Die Lüge hat etwas Diabolisches an sich, sie zersetzt die Beziehungen, zerstört Vertrauen, unterläuft Verlässlichkeit – was für eine demokratische Kultur so wichtig ist. Besonders gefährlich ist die Lüge für die Demokratie, wenn über die Lüge Menschen zu Verbündeten, Mittätern und Agenten für ein verwerfliches, menschenverachtendes, unsolidarisches und demo-

---

brauchen viel weniger Hirten, als es uns die Bibel nahelegt. Hirten und „Führer"-Persönlichkeiten können sogar kontraproduktiv für das Überleben des Christentums und der Gesellschaft sein. Die Menschen/Christen sind lebenstauglicher, kreativer, schöpferischer und initiativer, als das vermeintliche Schaf in ihnen. Wenn wir das Schaf in uns zurücklassen, dann wird das Christentum zukunfts- und damit überlebensfähiger und sie werden zu einer einladenden Alternative entgegen einem allzu menschlichen Mittelmaß, wo Menschen sich nur in Driftzonen aufhalten. Die Demokraten und Demokratinnen der Zivilgesellschaft sind nicht Schafe einer Herde mit einem Hirten, sondern höchst originelle Persönlichkeiten, die ungewöhnliche Wege gehen, durch neuartige Impulse der Politik eine neue Richtung geben wollen und konsequent widerständig sein können gegen die Vorgaben einer pfadabhängigen Politik, sei es von Parteien oder der Kirchenleitung.

kratieschädliches Verhalten gemacht werden. Es ist nicht Lüge, wenn nicht alles Wahre ausgesprochen wird – nicht alles Wahre muss ausgesprochen werden (vergl. Härle, 2011, 438ff.). Aber es kann auf Lüge hin grenzwertig werden, wenn spin-doctors „eine politische Realität" in Szene setzen, um von der eigentlichen politischen Realität massiv abzulenken. Die sogenannte „strategische Kommunikation" kann an der Wahrheit sehr stark vorbeischrammen, wenn dadurch eine skrupellose eigene Interessenvertretung angestrebt wird.

- **üben keine Verachtung (in jeder Form) gegenüber geflüchteten, wohnungslosen oder von durch eine Behinderung eingeschränkten Menschen**[41]**;**

- **orientieren sich in allen Politikbereichen und -prozessen an dem Gedanken der Geschlechtergerechtigkeit.**
  Dabei ist das Repräsentationsprinzip durch die Zivilgesellschaft zu durchbrechen, weil sich hier eher (männliche) Partikularinteressen durchsetzen. In dem Machtkalkül von von Männern dominierten Parteien ist wenig Spielraum für das Argument der Gleichwertigkeit und Gleichbehandlung von Frauen in dem Politikbetrieb (vergl. Sauer/Wöhl, 2012, 355). In der Ministerialverwaltung braucht es Frauen und Männer, „die frauenpolitische Interessen vertreten und diese dann im Politikprozess lebendig halten und durchsetzen" (dies., 358).

41 vergl. Diakonie-Hessen: „Demokratie gewinnt! Mit der Diakonie Hessen". Stellungnahme zur AfD, November 2017

7. Literaturverzeichnis

ALBES, Jens (dpa): 200. Geburtstag von Raiffeisen, S. 4 in: Flensborg Avis, 12 März 2018

AMADEU ANTONIO STIFTUNG (Initiativen für Zivilgesellschaft und demokratische Kultur) (Hg.): Bürgerstiftungen für demokratische Kultur. Beispiele zivilgesellschaftlichen Engagements in Ostdeutschland in: https://www.amadeu-antonio-stiftung.de/w/files/pdfs/broschuere_buergerstiftungen_2005.pdf abgerufen am 14.7.18

ANSELM, Reiner: Politische Ethik, S. 195-263 in: HUBER/MEIREIS/REUTER (Hg.), 2015

ARMINGEON, Klaus (Hg.): Staatstätigkeiten, Parteien und Demokratie (FS Manfred G. Schmidt), Wiesbaden 2013

BACKENKÖHLER, Rainer/POOL, Frank: Vertrauenspotenziale der Genossenschaften, S. 117-130 in: RINGLE/MÜNKNER (Hg.), 2012

BAUMEL, Laurent: Populismus als politischer Hilferuf, S. 115-120 in: HILLEBRAND (Hg.), 2015

BERTELSMANN STIFTUNG (Hg.): Der Kitt der Gesellschaft. Perspektiven auf den sozialen Zusammenhalt in Deutschland, Gütersloh 2016

BEUTH, Patrick: Besser mit dem Bösen rechnen, 24. Januar 2018 in: http://www.spiegel.de/netzwelt/web/soziale-medien-und-demokratie-facebook-braucht-den-teufel-vom-dienst-a-1189432.html abgerufen am 21.2.2018

BÖCKMANN, Christine: Vom Reden in schwierigen Zeiten. Möglichkeiten und Grenzen des Dialogs, S. 10-14 in: miteinander**thema** #5 12/2017 (Kulturkampf von Rechts)

BRINKMANN, Bastian: Die geprellte Gesellschaft. Warum wir uns mit der Steuerflucht von Reichen und Konzernen nicht abfinden dürfen, München 2014

BRINKMANN, Ulrich/NACHTWEY, Oliver: Postdemokratie und Industrial Citizenship. Erosionsprozesse von Demokratie und Mitbestimmung, Weinheim/Basel 2017

BRODDE, Kirsten: Protest! Wie ich die Welt verändern und dabei auch noch Spaß haben kann, München 2010

BRÜHL, Jannis: Eine Erschütterung der Demokratie, wie wir sie kennen. Soziale Medien verändern die Politik, weil sie die Machtverhältnisse umdrehen, 2. Mai 2017 in: http://www.sueddeutsche.de/digital/2.220/der-facebook-faktor-eine-erschuetterung-der-demokratie-wie-wir-sie-kennen-1.3487099 abgerufen am 21.2.2018

BUSSEMER, Thymian: Die erregte Republik. Wutbürger und die Macht der Medien (Mit einem Vorwort von Gesine Schwan), Stuttgart 2011

BÜTIKOFER, Sarah/WILLI, Thomas: Mit dem richtigen Hashtag die Abstimmung gewinnen?, S. 80-90 in: FICHTER (Hg.), 2017(a)

BUTTERWEGGE, Christoph/LÖSCH, Bettina/PTAK, Ralf: Kritik des Neoliberalismus, Wiesbaden 2(2008)

BUTTERWEGGE, Christoph: Die politische Repräsentation von Armen und Reichen – ein Problem für die Legitimation der Demokratie?, S. 27-52 in: LINDEN/THAA (Hg.), 2014

CROUCH, Colin: Postdemokratie, Frankfurt/Main 2008

DERS.:Das befremdliche Überleben des Neoliberalismus, Berlin 2011

DECKER, Frank: Der neue Rechtspopulismus, Opladen 2(2004)

DECKER, Frank/LEWANDOWSKY, Marcel/SOLAR, Marcel: Demokratie ohne Wähler? Neue Herausforderungen der politischen Partizipation, Bonn 2013

DEGENER, Theresia/DIEHL, Elke (Hg.): Handbuch Behindertenrechtskonvention. Teilhabe als Menschenrecht – Inklusion als gesellschaftliche Aufgabe, Bonn 2015

DENKFABRIK – FORUM FÜR MENSCHEN AM RANDE, SOZIALUNTERNEHMEN NEUE ARBEIT gGMBH STUTTGART (Hg.): „Gib mir was, was ich wählen kann." – Demokratie ohne Langzeitarbeitslose. Motive langzeitarbeitsloser Nichtwähler/innen, Köln 2017

EMBACHER, Serge: Solidarität und Hilfsbereitschaft. Annäherung an zwei zentrale zivilgesellschaftliche Kategorien anhand von bürgerschaftlichem Engagement und Spendenbereitschaft, S. 253-286 in: BERTELSMANN STIFTUNG (Hg.), 2016

EMBSHOFF, Dagmar/MÜLLER-PLANTENBERG, Clarita/GIORGI, Guiliana: Solidarische Ökonomie. Initiativen, Ketten und Vernetzung zur Transformation, 11 Seiten 26.7.2016 in: https://www.degrowth.info/Wp-content/Uploads/2016/06/DIB_Solidarische_Oekonomie_.pdf abgerufen am 24.3.2018

EMUNDS, Bernhard: Warum der Faire Handel in den Zeiten der globalen Wirtschaft ein bedeutender Beitrag zu mehr Gerechtigkeit ist. Impulsreferat bei der Auftaktveranstaltung der Kampagne „Eine Welt *fair*stärken", Limburg 07.2.2009

ESTERMANN, Colette Jansen: Trauma und interkulturelle Gestalttherapie, Bergisch Gladbach 2014

FELBER, Christian: (www.christian-felber.at/schaetze/gemeinwohl.pdf) – Januar 2016

DERS.: Gemeinwohl-Ökonomie, München März 2018

FICHTER, Adrienne (Hg.): Smartphone-Demokratie, Zürich 2017(a)

DIES.: Die Demokratie-Experimente von Facebook, S. 70-79 in: DIES. (Hg.), 2017a(b)

DIES.: Big Data im Wahlkampf – Mythos oder Waffe?, S. 96-112 in: DIES. (Hg.), 2017a(c)

FINDUS/METJE, Catarina: Kleine Geschichte der Genossenschaften. Beispiele aus der Kooperativbewegung, Münster 2013

FISAHN, Andreas: Hinter verschlossenen Türen: Halbierte Demokratie? Autoritären Staat verhindern, Beteiligung erweitern (AttacBasisTexte 51), Hamburg 2017

FLIEGER, Burghard: Neue Genossenschaftstypen: Anzeichen einer Modernisierung des Genossenschaftswesens, S. 34-38 in: GIEGOLD/EMBSHOFF (Hg.), 2008

FRANTZ, Christiane/KOLB, Holger (Hg.): Transnationale Zivilgesellschaft in Europa. Traditionen, Muster, Hindernisse, Chancen, Münster/New-York/München/Berlin 2009

FRIEDRICH, Wiebke/SCHWARZ, Christoph H./VOIGT, Sebastian (Hg.) (edition Hans Böckler Stiftung 278): Gewerkschaften im demokratischen Prozess: 10 internationale Beiträge, Düsseldorf 2013

FRIEDERICHS, Hauke: Bombengeschäfte. Tod made in Germany, St. Pölten/Salzburg/Wien 2012

FÜCKS, Ralf: Lobbyismus braucht demokratische Kontrolle, S. 55-59 in: LEIF/SPETH (Hg.), 2003

GALTUNG, Johann: Strukturelle Gewalt, Reinbek 1975

DERS. (Aus dem Englischen von Hajo Schmidt): Frieden mit friedlichen Mitteln. Friede und Konflikt, Entwicklung und Kultur, Opladen 1998

GEBHARDT, Mareike: Zwischen Repräsentation und (Real-)Präsenz. Populistische Intervalle und demokratische Temporalstrukturen aus politiktheoretischer Perspektive, 14.5.2018 in: http://www.diskurs-zeitschrift.de/zwischen-repraesentation-und-real-praesenz-populistische-intervalle-und-demokratische-temporalstrukturen-aus-politiktheoretischer-perspektive/ abgerufen am 14.7.18

GEHNE, David/SPIER, Tim (Hg.): (FS für Ulrich Alemann): Krise oder Wandel der Parteiendemokratie?, Wiesbaden 2010

GEIßEL, Brigitte: Kritische Bürger. Gefahr oder Ressource für die Demokratie, Frankfurt/New-York 2011

GESEMANN, Frank/ROTH, Roland (Hg.): Lokale Integrationspolitik in der Einwanderungsgesellschaft. Migration und Integration als Herausforderung von Kommunen, Wiesbaden 2009

GEW (V.i.S.d.P. Dr. Ilka Hoffmann). Schriftenreihe Eine für alle – Die inklusive Schule für Demokratie. Heft 1 (Vernor Munoz: Deutschland auf dem Prüfstand des Menschenrechts auf Bildung) und Heft 2 (Dr. Reinald Eichholz: Blick nach vorn: Menschenrechte bleiben der Maßstab!), 2017

GIEGOLD, Sven/EMBSHOFF, Dagmar (Hg.): Solidarische Ökonomie im globalisierten Kapitalismus, Hamburg 2008(a)

DERS./DIES.: Art. Solidarische Ökonomie im globalisierten Kapitalismus; S. 11-24 in: DIES. (Hg.), 2008a(b)

GIESA, Christoph: Bürger. Macht. Politik (Mit einem Vorwort von Joachim Gauck), 2011

GOSEWINKEL, Dieter/RUCHT, Dieter/van den DAELE, Wolfgang/KOCKA, Jürgen (Hg.): Zivilgesellschaft – national und transnational (WZB-Jahrbuch 2003), Berlin 2004

GRANT-HAYFORD, Naakow/SCHEYER, Victoria: Strukturelle Gewalt verstehen. Eine Anleitung zur Operationalisierung, 9 Seiten, Juni 2016 in: galtung-institut.de/papers/G-I-WP-2016-06-SG.pdf abgerufen am 14.4.2018

GRÄSSLIN, Jürgen: Schwarzbuch Waffenhandel. Wie Deutschland am Krieg verdient, München 2013

GREVE, Rolf: Genossenschaften: Entwicklung und Bedeutung, S. 107-131 in: ZIMMER/WEßELS (HG.), 2001

HABERMAS, Jürgen: Faktizität und Geltung. Beiträge zur Diskurstheorie des Rechts und des demokratischen Rechtsstaats, Frankfurt/Main 1992

HEITMEYER Wilhelm: Gruppenbezogene Menschenfeindlichkeit. Die theoretische Konzeption und empirische Ergebnisse aus den Jahren 2002, 2003 und 2004, S. 13-36 in: DERS. (Hg.): Deutsche Zustände. Folge 3, Frankfurt am Main 2005

HALM, Dirk/SAUER, Martina: Parallelgesellschaft und ethnische Schichtung, 18. Dezember 2005 in: http://www.bpb.de/apuz/30014/parallelgesellschaft-und-ethnische-schichtung?p=all abgerufen am 23.2.2018

HÄRLE, Wilfried: Ethik, Berlin/New-York 2011

HAUNSS, Sebastian/DAPHI, Priska/GAUDITZ, Leslie/KNOPP, Philipp/MICUS, Matthias u.a.: #NoG20. Ergebnisse der Befragung von Demonstrierenden und der Beobachtung des Polizeieinsatzes, 33 Seiten, Berlin 2017 (ipb working papers) in: https://protestinstitut.eu/wp-content/uploads/2017/11/noG20_ipb-working-paper.pdf abgerufen am 27.2.2018

HEINS, Volker: Das Andere der Zivilgesellschaft. Zur Archäologie eines Begriffs, Bielefeld 2002

HETTLAGE, Robert: Genossenschaftstheorie und Partizipationsdiskussion, Göttingen 2(1987)

HEUSSNER, Hermann K.: Näher beim Bürger. Direkte Demokratie ist eine sinnvolle Ergänzung der repräsentativen Demokratie, S. 29-31 in: **zeit**zeichen 1/2017

HILLEBRAND, Ernst (Hg.): Rechtspopulismus in Europa. Gefahr für die Demokratie?, Bonn 2015

HILLJE, Johannes. Propaganda 4.0. Wie rechte Populisten Politik machen, Bonn 2017

HINNEY, Sarah: Wir sind viele. Auf Facebook formiert sich Widerstand gegen Hetze, Rassismus und Lügen, S. 25-27 in: Publik-Forum Extra November 2017

HO, Kathleen: Structural Violence as a Human Rights Violation, 17 Seiten in: Essex Human Rights Review Vol. 4 No. 2 September 2007 in: http://projects.essex.ac.uk/ehrr/V4N2/ho.pdf abgerufen am 28.7.18

HOPKINS, Rob: Einfach. Jetzt. Machen!, München 2014

HUBER, Wolfgang/MEIREIS, Torsten/REUTER, Hans-Richard (Hg.): Handbuch der Evangelischen Ethik, München 2015

JANSEN, Thomas: Zur Europäisierung der „organisierten" Zivilgesellschaft: ein Bericht aus der Praxis, S. 153-169 in: KNODT/FINKE (Hg.), 2005

JOBIN, Anna: Von A(pfelkuchen) bis Z(ollkontrolle): weshalb Algorithmen nicht neutral sind, S. 154-170 in: FICHTER (Hg.), 2017(a)

JOCHEM, Sven: Entzauberungen der Demokratie – Theorien der Postdemokratie im Vergleich, S. 445-456 in: ARMINGEON (Hg.), 2013

JÖRKE, Dirk: I prefer not to vote, oder vom Sinn und Unsinn des Wählens in der Postdemokratie, S. 101-119 in: RICHTER/BUCHSTEIN (Hg.), 2017

JUNG, Otmar: Gefahren im „Frühling der direkten Demokratie". Anmerkungen zu Stuttgart, Berlin und anderen Fällen, S. 259-274 in: MÜNCH/HORNIG/KRANENPOHL (Hg.), 2014

KAEDING, Michael/PIEPER, Morten/HAUßNER, Stefan: Die soziale Schieflage der Wahlbeteiligung: Politik für die Wählenden, aber nicht für das Volk – die Folgen der sinkenden Wahlbeteiligung (Teil 3/5) in: http://regierungsforschung.de/die-soziale-schieflage-der-wahlbeteiligung-politik-fuer-das-volk-die-folgen-der sinkenden-wahlbeteiligung-teil-35/ abgerufen am 19.2.2018

KERBER-CLASEN, Stefan: Produktivgenossenschaften und solidarische Ökonomie als Forschungs- und Praxisfeld, S. 281-288 in: WSI Mitteilungen 4/2012

KERN, Friedrich: „Gib mir was, was ich wählen kann." Zusammenfassende Thesen zu den Interviews, S. 46-53 in: DENKFABRIK – FORUM FÜR MENSCHEN AM RANDE, SOZIALUNTERNEHMEN NEUE ARBEIT gGMBH STUTTGART (Hg.), 2017

KIRCHNER, Tanja: Eine Gefahr für die Gesellschaft [über die Historie von Parallelgesellschaften], 31. Oktober 2012 in: http://www.demokratie-goettingen.de/blog/eine-gefahr-fur-die-gesellschaft abgerufen am 23.2.2018

KLEIN, Ansgar: Der Diskurs der Zivilgesellschaft. Politische Hintergründe und demokratietheoretische Folgerungen, Opladen 2001

KLEIN, Ansgar/LEGRAND, Hans-Josef/LEIF, Thomas (Hg.): Neue soziale Bewegungen. Impulse, Bilanzen und Perspektiven, Opladen/Wiesbaden 1999

KLEIN, Ansgar/KERN, Kristine/GEIßEL, Brigitte/BERGER, Maria (Hg.): Zivilgesellschaft und Sozialkapital. Herausforderungen politischer und sozialer Integration, Wiesbaden 2004

KLEINERT, Hubert: Krise der repräsentativen Demokratie? In: Aus Politik und Zeitgeschichte 38-39/2012

KNODT, Michèle/FINKE, Barbara (Hg.): Europäische Zivilgesellschaft. Konzepte, Akteure, Strategien, Wiesbaden 2005

KOLBE, Andreas/HÖNIGSBERGER, Herbert/OSTERBERG, Sven: Marktordnung für Lobbyisten. Wie Politik den Lobbyeinfluss regulieren kann (Ein Vorschlag der Otto Brenner Stiftung), OBS-Arbeitsheft 70, Frankfurt/Main 2011

KRAUSE, Daniela/KÜPPER, Beate/ZICK, Andreas: Zwischen Wut und Druck. Rechtspopulistische Einstellungen in der Mitte, S. 44-60 in: ZICK/KÜPPER, 2015

KREHL, Stefan: Transition Town Initiativen im deutschsprachigen Raum: Ein systematischer Überblick über Vorkommen, Schwerpunkte und Einfluss auf die Energiewende vor Ort (Volkswirtschaftliche Schriften der Ernst-Abbe-Hochschule Jena – Fachbereich Betriebswirtschaft Heft 03/2015) unter http://web.eah-jena.de/fhj/bw/forschung/Publikationen/Wirtschaftswissenschaftliche_Schriften/Documents/Heft_03_2015.pdf abgerufen am 27.2.2018

KÜPPER, Beate/ZICK, Andreas/KRAUSE, Daniela: PEGIDA in den Köpfen – Wie rechtspopulistisch ist Deutschland?, S. 21-43 in: ZICK/KÜPPER, 2015

LANDESZENTRALE FÜR POLITISCHE BILDUNG RHEINLAND-PFLAZ (Hg.): Volksparteien – Gewerkschaften – Kirchen. Die Krise der gesellschaftlichen Großorganisation und die Demokratie: Das Ende der „Dinosaurier" – Verlust oder neue Freiheit? (Hambacher Disput 20. August 2011), Mainz 2012

LANGBEIN, Kurt: Die Pharma-Lobby. Der Mut zur Überdosis Macht, S. 137-143 in: LEIF/SPETH (Hg.), 2003

LANGE, Timo (im Gespräch mit Ulrike Winkelmann und Mathias Bröckers): Warum Lobbyismus kontrolliert werden muss, S. 12-31 in: POHL (Hg.), 2012

LEBER, Fabian: Von der Unterschicht will niemand reden in: http://www.tagesspiegel.de/meinung/studie-sozial-schwache-waehlen-nicht-von-der unterschicht-will-niemand-reden/9217566.html abgerufen am 19.2.2018

LEIF, Thomas/SPETH, Rudolf (Hg.): Die stille Macht. Lobbyismus in Deutschland, Wiesbaden 2003a

DIES.: Anatomie des Lobbyismus. Einführung in eine unbekannte Sphäre der Macht, S. 7-32 in: DIES. (Hg.), 2003a(b)

LINDEN, Markus/THAA, Winfried (Hg.): Ungleichheit und politische Repräsentation, Baden-Baden 2014

LÖSCH, Bettina: Die neoliberale Hegemonie als Gefahr für die Demokratie; S. 221-283 in: BUTTERWEGE u.a., 2008

LÖTZER, Ulla: Genossenschaften als Teil Solidarischer Ökonomie, S. 208-211 in: GIEGOLD/EMBSHOFF (Hg.), 2008

LUTHERBIBEL (mit Bildern von Marc Chagall) in der revidierten Fassung von 1984, Stuttgart 2006

MARG, Stine/GEIGES, Lars/BUTZLAFF, Felix/WALTER, Franz (Hg.): Die neue Macht der Bürger. Was motiviert Protestbewegungen? BP-Gesellschafsstudie, Reinbek bei Hamburg 2013

MASCHKOWSKI, Gesa: Vom Verbraucher zum Change Agent: Impulse der Transition-Town-Bewegung für eine große Transformation aus salutogenetischer Perspektive, S. 19-39 in BALA, Christian (Ed.); SCHULDZINSKI, Wolfgang (Ed.); Verbraucherzentrale Nordrhein-Westfalen e.V. (Ed.): Der verantwortungsvolle Verbraucher. Aspekte des ethischen, nachhaltigen und politischen Konsums, Düsseldorf 2015 (Beiträge zur Verbraucherforschung 3) unter: https://www.ssoar.info/ssoar/bitstream/handle/document/46690/Der_verantwortungsvolle_Verbraucher_E-Book_V01_019-040_Beitrag-1.pdf?sequence=1 abgerufen am 27.2.2018

MASCHKOWSKI, Gesa/WANNER, Matthias: Die Transition-Town-Bewegung – Empowerment für die große Transformation? in pnd|online II|2014. Ein Magazin mit Texten und Diskussionen zur Entwicklung von Stadt und Region (www.planung-neu-denken.de) unter: https://epub.wupperinst.org/frontdoor/deliver/index/docId/5626/file/5626_Maschkowski.pdf. abgerufen am 27.2.2018

MAYER, Karoline (mit Angela Krumpen): Das Geheimnis ist immer die Liebe. In den Slums von Chile, Freiburg im Breisgau 2006

MERKEL, Wolfgang/RITZI, Claudia (Hg.): Die Legitimität direkter Demokratie. Wie demokratisch sind Volksabstimmungen?, Wiesbaden 2017(a)

DERS./DIES.: Direkte Demokratie *oder* Repräsentation. Zum Reformbedarf liberal-repräsentativer Demokratie im 21. Jahrhundert, S. 227-250 in: DERS./DIES: (Hg.), 2017(b)

MEYER, Thomas: Parallelgesellschaft und Demokratie, 7 Seiten, 2002 [überarbeitet] in: www.fes-online-akademie.de abgerufen am 23.2.2018

DERS.: Was ist Demokratie? Eine diskursive Einführung, Wiesbaden 2009

MIERZWA, Roland: Soziale Aspekte des Leidens. Ästhetisch-exegetische, etymologische, medizinische, sozialwissenschaftliche und philosophische Aspekte, Norderstedt 2011

DERS.: Compassion – Zwischen Mit-Leid, Mitgefühl und Barmherzigkeit, Hamburg 2014

DERS.: Bildung auf der Seite der Armen, Arbeitslosen und Benachteiligten, Norderstedt Juni 2016

DERS.: Menschsein unter Mitmenschen. Strukturelemente einer Theorie der Solidarität, Erkelenz 2017

DERS.: Die Realität von Hartz IV. Gegenwart und nachhaltige Perspektiven des Umgangs mit Armut, Baden-Baden 2018

MORLOK, Martin: Politische Chancengleichheit durch Abschottung? Die Filterwirkung politischer Parteien gegenüber gesellschaftlichen Machtpositionen, S. 19-36 in: GEHNE/SPIER (Hg.), 2010

MÖRSCHEL, Tobias/KRELL, Christian (Hg.): Demokratie in Deutschland. Zustand – Herausforderungen – Perspektiven, Wiesbaden 2012

MÜLLER, Maren: Die alltägliche Manipulation; S. 259-273 in: WERNICKE, 2017

MÜNCH, Ursula/HORNIG, Eike-Christian/KRANENPOHL, Uwe (Hg) (Tutzinger Studien zur Politik, Band 7): Direkte Demokratie. Analysen im internationalen Vergleich, Baden-Baden 2014

NACHTWEY, Oliver: Krise der Gewerkschaften, S. 84-98 in: LANDESZENTRALE FÜR POLITISCHE BILDUNG RHEINLAND-PFLAZ (Hg.), 2012

NANZ, Patrizia/STEFFEK, Jens: Legitimation durch Deliberation? Die Rolle der Zivilgesellschaft in der supranationalen Politik, S. 79-102 in: KNODT/FINKE (Hg.), 2005

NIJHUIS, Ton: Europäisches Projekt: über Chancen und Hindernisse einer europäischen Zivilgesellschaft als Ziel europäischer Politik, S. 61-74 in: FRANTZ/KOLB (Hg.), 2009

OELSCHLÄGEL, Christian: Diakonie und Menschenrechte. Menschenrechtsorientierung als Herausforderung für diakonisches Handeln, Heidelberg 2013

PASIG, Kathrin/LOBO, Sascha: Internet. Segen oder Fluch, Berlin 2012

PETERMANN, Anke: Wählen? – Nein, Danke! Keine Wahl im abgehängten Asternweg, 21.8.2017 in: http://www.deutschlandfunkkultur.de/waehlen-nein-danke-keine-wahl-im-abgehaengten-asternweg.1001.de.html?dram:article_id=393962 abgerufen am 19.2.2018

PLOPPA, Hermann: Die Macher hinter den Kulissen. Wie transatlantische Netzwerke heimlich die Demokratie unterwandern, Frankfurt/Main 7(2017)

POHL, Ines (Hg.): Schluss mit Lobbyismus! 50 einfache Fragen, auf die es nur eine Antwort gibt, Frankfurt/Main 2012

POSERN, Thomas: Strukturelle Gewalt als Paradigma sozialethisch-theologischer Theoriebildung, Frankfurt/Main 1992

PROSE, Friedemann/THÜRER, Claudia: Das Vicelinviertel – Ein Stadtteil in Neumünster. Eine Milieustudie, 1992/2008 in: http://nordlicht.uni-kiel.de/viceo/

PUSCH, Toralf: Bilanz des Mindestlohns: Deutliche Lohnerhöhungen, verringerte Armut, aber auch viele Umgehungen, 15 Seiten in: Policy Brief WSI Nr. 19-03/2018 in: https://www.boeckler.de/pdf/p_wsi_pb_19_2018.pdf abgerufen am 14.6.2018

PÜTTER, Benjamin: Kleine Hände – Grosser Profit. Kinderarbeit. Welches ungeahnte Leid sich in unserer Warenwelt verbirgt, 2017

RASPE, Jonathan: Jeder Zweite sieht in „Fake News" eine ernsthafte Gefahr für Demokratie, 9. August 2017 in: http://www.faz.net/aktuell/politik/bundestagswahl/jeder-zweite-sieht-fake-news-als-ernsthafte-gefahr-15143814.html abgerufen am 21.2.2018

REICHARDT, Sven: Gewalt und Zivilität im Wandel. Konzeptionelle Überlegungen zur Zivilgesellschaft aus historischer Sicht, S. 61-81 in: GOSEWINKEL/RUCHT/van den DAELE/KOCKA (Hg.), 2004

RICHTER, Hedwig/BUCHSTEIN, Hubertus (Hg.): Kultur und Praxis der Wahlen. Eine Geschichte der modernen Demokratie, Wiesbaden 2017

RINGLE, Günther/MÜNKNER, Hans-H. (Hg.): Genossenschaftliche Kooperation – anders wirtschaften, Baden-Baden 2012

ROTH, Jürgen: Der stille Putsch, München 2014

ROTH, Roland: Neue soziale Bewegungen und liberale Demokratie. Herausforderungen, Innovationen und paradoxe Konsequenzen; S. 47-63 in: KLEIN/LEGRAND/LEIF (Hg.), 1999

DERS.: Die „bewegte" Bundesrepublik. Zur Bedeutung sozialer Bewegungen im deutschen Modell der Interessenvermittlung, S. 237-259 in: ZIMMER/WEßELS (Hg.), 2001

DERS.: Die dunklen Seiten der Zivilgesellschaft. Grenzen einer zivilgesellschaftlichen Fundierung von Demokratie, S. 41-64 in: KLEIN u.a. (Hg.), 2004

RUSS-MOHL, Stephan: Die informierte Gesellschaft und ihre Feinde, 2017

SARCINELLI, Ulrich: Medien und Demokratie, S. 271-318 in: MÖRSCHEL/KRELL (Hg.), 2012

SAUER, Birgit/WÖHL, Stefanie: Demokratie und Geschlecht, S. 341-361 in: MÖRSCHEL/KRELL (Hg.), 2012

SCHÄFER, Armin: Der Verlust politischer Gleichheit. Warum ungleiche Beteiligung der Demokratie schadet; S. 547-566 in: ARMINGEON (Hg.), 2013

DERS. (Interview): Wahlen, Wahlbeteiligung und die Zukunft von Demokratie, S. 55-63 in: KULEßA, Peter (Hg.): Land im Stress. Herausforderungen für sozialen Zusammenhalt und Demokratie in Deutschland, Weinheim/Basel 2016

SCHOLL, Norbert: Wozu noch Christentum? Was nicht verloren gehen darf. Worauf verzichtet werden sollte, Oberursel 2014

SCHROEDER, Wolfgang: Gewerkschaften im demokratischen Prozess des Wandels. Der deutsche Fall, S. 9-17 in: FRIEDRICH/SCHWARZ/VOIGT (Hg.), 2013

SCHRÖDER, Christian/VOIGTLÄNDER, Leiv Erik: Gewerkschaften und Erwerbslose – eine spannungsreiche Beziehung, S. 197-215 in: FRIEDRICH/SCHWARZ/VOIGT (Hg.), 2013

SCHULTHEIS, Franz: Keine Wahl: Wenn langzeitarbeitslose Mitbürger der Demokratie den Rücken kehren, S. 9-22 in: DENKFABRIK – FORUM FÜR MENSCHEN AM RANDE, SOZIALUNTERNEHMEN NEUE ARBEIT gGMBH STUTTGART (Hg.), 2017

SCHWAN, Gesine: Vorwort; S. 7-16 in: BUSSEMER, 2011

SEGEBERS, Franz: Wie Armut in Deutschland Menschenrechte verletzt, Oberursel April 2016

SEN, Amartya (Aus dem Englischen von Christiana Goldmann): Ökonomie für den Menschen. Wege zu Gerechtigkeit und Solidarität in der Marktwirtschaft, Hanser 1999

SOLAR, Marcel: Reformen direktdemokratischer Verfahren – Berlin, Bremen und Hamburg im Vergleich; S. 53-68 in: MÜNCH/HORNIG/KRANENPOHL (Hg.), 2014

STANDING, Guy (Aus dem Englischen von Sven Wunderlich): Prekariat. Die neue explosive Klasse, Münster 2015

STOLLE, Dietlind/HOOGHE, Marc/MECHELETTI, Michele: Zwischen Markt und Zivilgesellschaft: Politischer Konsum als bürgerliches Engagement, S. 151-171 in: GOSEWINKEL/RUCHT/van den DAELE/KOCKA (Hg.), 2004

STROBL, Rainer (Universität Bielefeld. Institut für interdisziplinäre Konflikt- und Gewaltforschung): Worüber man nicht spricht: Strukturelle Gewalt, 2003 in: http://www.proval-services.net/download/vortrag-strobl_struktgewalt.pdf abgerufen am 14.4.2018

TERTELMANN, Martin: Den Abgehängten eine Stimme geben und sie beteiligen. Langzeitarbeitslose Forscher sind die tragende Säule dieser Studie, S. 23-32 in: DENKFABRIK – FORUM FÜR MENSCHEN AM RANDE, SOZIALUNTERNEHMEN NEUE ARBEIT gGMBH STUTTGART (Hg.), 2017

TEUNE, Simon/SOMMER, Moritz (unter Mitarbeit von Dieter Rucht): Zwischen Emphase und Aversion. Großdemonstrationen in der Medienberichterstattung, 51 Seiten, Berlin 2017 (ipb working papers) in: https://protestinstitut.eu/wp-content/uploads/2017/11/ipb-working-paper-Grossdemonstrationen-in-den-Medien_web.pdf abgerufen am 27.2.2018

THIEL, Thorsten (Interview): „Wir sollten die emanzipatorischen Vorstellungen vom Digitalen nicht aufgeben", S. 2 in: UniReport der Goethe Universität Frankfurt am Main 3/17

TÜGEL, Hanne: Transition Town: Testfall Totnes, o.D. unter: https://www.geo.de/natur/nachhaltigkeit/5554-rtkl-transition-town-testfall-totnes abgerufen am 27.2.2018

ULLRICH, Peter: Postdemokratische Empörung. Ein Versuch über Demokratie, soziale Bewegungen und gegenwärtige Protestforschung, 39 Seiten, Berlin 2(2015) (ipb working papers) in: https://protestinstitut.eu/wp-content/uploads72015/10/postdemokratische-empoerung-ipb-working-paper_auf/2.pdf abgerufen am 27.2.2018

VAUT, Simon: Wirtschaft und Demokratie in Zeiten der Krise, S. 237-255 in: MÖRSCHEL/KRELL (Hg.), 2012

VEHRKAMP, Robert: Neue Schätzungen zur Wahlbeteiligung sozialer Milieus bei der Bundestagswahl 2013, S. 44-47 in: WZB Mitteilungen, Heft 149, September 2015

DERS.: Sozial gespaltene Demokratie, 24. Februar 2016 in: https://www.boell.de/de/2016/02/24/sozial-gespaltene-demokratie abgerufen am 19.2.2018

VELIMSKY, Jan: Soziale Selektivität von politischer Partizipation: Ein Überblick über den Forschungsstand, S. 34-45 in: DENKFABRIK – FORUM FÜR MENSCHEN AM RANDE, SOZIALUNTERNEHMEN NEUE ARBEIT gGMBH STUTTGART (Hg.), 2017

VOSS, Elisabeth (NETZ für Selbstverwaltung und Selbstorganisation e.V. [Hg.]): Wegweiser solidarische Ökonomie. !Anders Wirtschaften ist möglich!, Neu-Ulm 2015

WERNICKE, Jens: Lügen die Medien? Propaganda, Rudeljournalismus und der Kampf um die öffentliche Meinung, Frankfurt/Main 2017

WEßELS, Bernhard: 13.2. Politische Integration und politisches Engagement, S. 400-406 in: DATENREPORT 2016 in: https://www.wzb.eu/sites/default/files/u36/13_dr2016_160421.pdf abgerufen am 28.2.2018

WIEBICKE, Jürgen: Zehn Regeln für Demokratie-Retter, Köln 3(2017)

WORBS, Susanne: ‚Parallelgesellschaften' von Zuwanderern in Städten?, S. 217-233 in: GESEMANN/ROTH (Hg.), 2009

ZEUCH, Andreas: Alle Macht für Niemand. Aufbruch der Unternehmensdemokraten, Hamburg 2015

ZICK, Andreas/KÜPPER, Beate (Hg. Ralf Melzer/Dietmar Molthagen): Wut, Verachtung, Abwertung, Bonn 2015

ZIMMER, Annette: NGOs – Verbände im globalen Zeitalter, S. 331-357 in: ZIMMER/WEßELS (Hg.), 2001

ZIMMER, Annette/WEßELS, Bernhard (Hg.): Verbände und Demokratie in Deutschland, Opladen 2001

8. Danksagung

Eine ganz wesentliche Voraussetzung für die Forschung ist die Ermöglichung des Computerarbeitsplatzes mit Internetanschluss durch Oberin Sr. Hannelore Balg (resp. die ev.-luth. Diakoniegemeinschaft zu Flensburg).

Das große Engagement der Mitarbeiterinnen und der Mitarbeiter der Stadtbibliothek Flensburg bei der Realisierung der sehr vielen Fernleihen ist ein weiterer wesentlicher Baustein für die Realisierung dieses Forschungsprojektes.

Die erheblichen Kosten der wissenschaftlichen Arbeit kann ich nur tragen, weil ich als Kunde der Flensburger Tafel finanzielle Spielräume gewinne.

Und es sei auch allen denjenigen gedankt, nämlich Ärzten, Freunden und Freundinnen, Diakoniegemeinschaftsmitgliedern, die zu meiner guten gesundheitlichen Verfassung beitragen, so dass ich kreativ und schöpferisch wissenschaftlich tätig sein kann.

Es ist auch schön, dass der Tectum-Verlag nun schon zum zweiten Mal ein Buch von mir wertschätzt und dieses verlegt. Herzlichen Dank hierfür auch an dieser Stelle. Die Zusammenarbeit klappte prima.